FÜR
ANN-SOPHIE

Das neue Klimaregime stellt nicht die zentrale Position des Menschen in Frage, sondern hinterfragt dessen Zusammensetzung, Präsenz, Gestaltung und letztlich dessen Schicksal. Wenn sie alles verändern, ändern sie auch die Definition *seiner Interessen*.

BRUNO LATOUR

Ich denke nach über die Dinge im Land
Wandlungen geschehen
Nichts ist wie im Vorjahr
Ein Jahr lastet schwerer als das vorige

Die Welt ist voller Unheil
Klage überall
Wehgeschrei
Totenklage
Das Gesicht schreckt zurück vor dem,
was geschieht.

CHACHERPERRESENEB, ÄGYPTEN,
UM 1800 VOR CHRISTUS

INHALT

EIN WORT VORAUS

Die Präsidentin der Salzburger Festspiele, Helga Rabl-Stadler, und Markus Hinterhäuser, der Intendant, haben mich gebeten, zum 100. Jubiläum der Festspiele einen Essay mit dem Titel »Das große Welttheater« zu verfassen. Sie haben mir bei der Themenwahl freie Hand gelassen, ein Vertrauensbeweis, für den ich ihnen hier Dank sagen möchte.

»Das große Welttheater« – das ist ein gewichtiger, weit offener, aber auch verpflichtender Titel. Ich möchte den Salzburger Festspielen deswegen Überlegungen widmen, die über die unmittelbaren Fragen der Bühnenkunst hinausgehen. Hugo von Hofmannsthal schrieb, die Festspiele sollten ein Friedensprojekt in unsicheren Zeiten sein. Ihr hundertjähriges Jubiläum fällt wieder auf einen historischen Moment des Umbruchs, den rapiden Kollaps einer kollektiven Erzählung, der Wachstumsökonomie, der industriellen Moderne und ihrer Strukturen, der Herrschaft über die Natur.

Um aber eine unabänderliche Transformation denken zu können und um sie fühlen zu lernen, müssen neue Bilder angeboten, Räume für Experimente geöffnet werden, die eine Verbindung zwischen Begriffen und Gefühlen schaffen. Genau das können Bühnen, ob real oder metaphorisch. Die Geschichte eines neuen Zusammenlebens aber braucht sie, um entstehen zu können und denkbar zu werden.

Max Reinhardt, der zweite Gründervater der Salzburger Festspiele, schrieb 1917, er glaube nicht, dass »der ungeheure Weltenbrand für die Dauer ohne dichterischen Wiederschein bleiben wird«. Heute droht ein neuer Weltenbrand, und die Welt braucht nicht nur poetische Resonanz, sondern schöpferischen Mut, um einer neuen globalen Krise auch auf der Bühne der kulturellen Debatten und politischen Fantasie zu begegnen. So können die Salzburger Festspiele und andere zentrale Orte der Hochkultur tatsächlich, wie Reinhardt es formulierte, »nicht nur ein Luxusmittel für die Reichen und Saturierten, sondern ein Lebensmittel für die Bedürftigen« sein.

Deswegen erschien es mir angemessen und sinnvoll, das Zeitgeschehen als großes Welttheater zu verstehen und darüber nachzudenken, welche Geschichten sich Gesellschaften erzählen, welche Bilder sie schaffen, wie diese Geschichten eine Landkarte von Gegenwart und Zukunft zeichnen und was sie verbergen. Schon jetzt drängen sich Figuren und Ideen auf die Bühne der öffentlichen Aufmerksamkeit und der kollektiven Ambitionen, die verschieben, was möglich ist, was als normal angesehen wird und was als sinnvoll – nicht nur in der Politik.

Nach dem klassischen Verständnis des Dramas ist die Welt längst in der Krisis angekommen. Was aber danach kommen mag, eine Katastrophe oder der Schimmer einer Katharsis, ist völlig offen. Das Welttheater wartet auf Akteure, um eine andere Erzählung zu beginnen.

IN EINEM LÄNGST
VERSCHWUNDENEN THEATER

Ich kannte den Bruder meiner Großmutter nur aus Geschichten, denn er war lange vor meiner Geburt gestorben, noch bevor die Nazis gekommen waren. Er war verunglückt, als dreizehnjähriger Junge (wie mir immer wieder warnend eingeschärft wurde), als er sich mit seinem Fahrrad an einem fahrenden Lastwagen festgehalten hatte, an einem aus ihm ragenden Balken. Man hat mir nie erklären können, was genau passiert war, ob der Lkw gebremst oder er einfach die Kontrolle über sein Rad verloren hatte. Er war sofort tot gewesen.

Der so tragisch ums Leben gekommene ferne Großonkel hatte etwas hinterlassen, was ihn mir als Kind sehr nahe brachte. Er war ein begabter Zeichner gewesen und hatte eine bewegliche Szenerie aus kunstvoll ausgeschnittenem und bemaltem Papier gebaut, mit den verschiedensten Figuren und fünf auswechselbaren Landschaftsprospekten, auf denen große Horizonte, Prärien und ein Gebirge angedeutet waren, davor zerklüftete Felsen und Büsche, die sich wie Kulissen verschieben ließen, Bäume und Blockhütten und eine Büffelherde. Dies war der Wilde Westen, wie ihn sich ein Kind um 1930 vorgestellt hatte, und die Figuren auf ihren Pferden, die wie der Wind über die Ebene galoppierten, waren schwer bewaffnete Cowboys und Indianer mit fliegendem, schwarzem Haar.

Und gleich verband mich etwas mit diesem vor Jahrzehnten gestorbenen Kind, denn zwei Generationen später las auch ich die Romane von Karl May, dem verurteilten Hochstapler und unermüdlichen Romanschreiber der Gründerzeit, der seinen ganzen Wilden Westen in symphonischem Technicolor erfunden hatte, obwohl er selbst niemals in den USA gewesen war, und der seine Abenteuer vor einer großen Leserschaft ausbreitete.

Wie viele Jungen seiner Generation war auch mein ferner Onkel ein Verehrer dieser imaginären Welt gewesen und hatte die Luft der Freiheit um seine Nase gespürt, die durch diese Geschichten wehte. Mit seinem kleinen Theater hatte er dieser Sehnsucht einen Altar gebaut. Nur selten durfte ich mit seinem Wunderwerk spielen, das wie eine Reliquie aufbewahrt wurde. Nur nach heftigem Bitten und Betteln durfte ich sie mir ansehen und aufstellen, vorsichtig, damit es nicht einriss, immer unter der ängstlichen Aufsicht von Erwachsenen.

Was einer Generation kostbar war, wurde von der nächsten auf den Müll geworfen. Das kleine Theater mit seinen prächtigen Kulissen ist längst verrottet in irgendeiner Mülldeponie im Norden Deutschlands. Ich kann es nicht mehr aufbauen, es ist ein Theater meiner Erinnerung. Ich sehe die Felsen noch vor mir, zerklüftet in schwarzer Tinte gezeichnet und dann in verschiedenen Schattierungen von Grau und Braun mit Wasserfarben koloriert, ausgeschnitten und präzise auf einen Ständer aus Pappe geklebt, ebenso die Hütten und Büsche, die Büffelherde und die Cowboys um sie herum, die Indianer mit ihren Wigwams und Lagerfeuern und Pferden, die an zwei Stangen einen Schlitten hinter sich herziehen.

In meiner Erinnerung sind die Landschaften des Papiertheaters so erhaben wie die Fotos von Ansel Adams, auch wenn der junge Zeichner wohl andere Quellen der Inspiration hatte. Er konnte vielleicht Fotos in Illustrierten oder in Bildbänden ausfindig machen, Landschaften in Westernfilmen im Kino, die allerdings selbst schon Kulisse waren, professionell gescoutet und abfotografiert oder überhaupt gemalt. Die Landschaft seiner Kindheit, das flache Land um Hamburg herum, wird ihm kaum Ideen dafür gegeben haben.

Für mich als Kind der 1970er Jahre war die Idee von Abenteuer nicht so sehr mit dem Wilden Westen verbunden, sondern mit Asterix und Obelix, mit Astrid Lindgren und mit den Fernsehserien, die ich bei meinen Cousins in den Niederlanden sah, *The Incredible Hulk* und *The Persuaders*, alles Eindrücke, die mein ferner Onkel noch nicht gekannt hatte. Aber er hätte sie verstanden, weil seine und meine Geschichten gemeinsame Ursprünge haben, nicht nur in den Romanhelden und Filmen, die wir beide kannten, sondern auch in unserer täglichen Erfahrung.

Wir wurden mit fünfzig Jahren Abstand in derselben Stadt geboren, und auch wenn sich das Stadtbild durch die Bombardierung des Zweiten Weltkriegs geändert hatte, so stand nicht nur das Haus, in dem mein Onkel sein kurzes Leben verbracht hatte, noch immer. Wenn ich dort im Garten spielte, sah ich dieselben Bäume, roch den gleichen Geruch nach Herbstlaub und bitteren Walnüssen, sah denselben fahlen und doch ewig wechselhaften Himmel.

Auch Familiengeschichten verbanden uns. Manche von ihnen, sorgfältig auf Hochglanz gebracht, reichten fast ein Jahrhundert zurück, zentrale Stücke in einem ganzen Repertoire. Es gab Abenteuergeschichten und Geschichten von Aufstieg und Fall, Reiseerzählungen, peinliche Begebenheiten und kleine Abenteuer, tragische Unfälle und Seitensprünge, Liebesgeschichten und einen Selbstmord, Männergeschichten aus dem Krieg (wenige, selten) und Frauengeschichten aus dem Krieg (viele und häufig).

Es gab Kindheitsgeschichten und Fluchtgeschichten; es gab Geschichten, für die die Erwachsenen die Sprache wechselten oder miteinander zu tuscheln begannen, unanständige Geschichten und Details, über die sie aus mir unerklärlichen Gründen mit roten Gesichtern lachten, Schnurren über die schwarzen Schafe der Familie und sogar über Verbrechen, große und verzweigte Epen über Schuld und Sühne, in Andeutungen wiedergegebene Schilderungen von Verrat und langsamem Verfall.

Neben diesem Familienrepertoire gab es auch eine andere Art von Geschichten, wie ich beim mehr oder weniger heimlichen Belauschen der Erwachsenengespräche herausfand. Es gab umstrittene Geschichten, die eine Person so und eine andere ganz anders erzählte, Begebenheiten oder Zitate, die unterschiedlichen Leuten zugeschrieben wurden, über deren Beurteilung Erzähler und Publikum uneins waren, Geschichten, die in verschiedenen Versionen zirkulierten, über die man nur Andeutungen machte, die wie Löcher in der Unterhaltung klafften.

Am stärksten war das bei meiner Mutter und meinem Vater. Ihre nach vierzehn Jahren geschiedene Ehe wurde im Lauf der Jahre zu einem Schlachtfeld der Erinnerung. Beide appellierten mit immer dringlicheren Erzählungen an mich, sie zum moralischen Sieger zu erklären. Beide brauchten das Gefühl, im Recht zu sein, die Bestätigung von ihrem Kind, dass nur sie moralisch und gut und vor allem zu meinem Wohl gehandelt hatten. Beide sagten mir immer wieder, dass sie nie so tief sinken würden, schlecht übereinander zu reden, nur um mit dem nächsten Satz zum Sinkflug anzusetzen.

Meine Mutter berichtete, verklausuliert zuerst, dann mit den Jahren immer direkter, wie er sie gedemütigt und belogen hatte, wie sie für seinen ausschweifenden Lebensstil und seine Schulden hatte schuften müssen, wie er immer alles bekam und sie nie etwas, wie er sie runtermachte und wie ein dummes Kind behandelte.

Mein Vater erzählte mir diese Begebenheiten von der entgegengesetzten Perspektive, so, als wäre die Wirklichkeit einfach umgedreht worden wie eine Drehbühne oder eine Zeichnung, die unterschiedliche Bilder zeigt, je nachdem, was der Betrachter in den Linien sucht und sieht. In seiner Version hatte er alles getan, um die Ehe zu retten, waren seine Fehltritte nur die Reaktion auf ihre gewesen, hatte er gerackert wie ein Schwerarbeiter, hatte sie geschützt und ihr geholfen und sie auf Händen getragen, nur um völlig grundlos von ihr verlassen zu werden, mit seinem Kind, seinem Sohn, seinem Ein und Alles, mit mir.

Diese Geschichte ist, wie fast alle Familiengeschichten, vollkommen banal. Sie ist kompliziert und verwinkelt, so wie die meisten Familiengeschichten kompliziert und verwinkelt sind, wenn man einmal anfängt zu graben, Mythologien, die sich in unsicheren Grenzgebieten und Erinnerungssümpfen verlieren. Ich könnte einen ausladend barocken Roman über diese Familie und ihre Geschichten schreiben, und doch ist sie nur für mich besonders, weil ich ihre Protagonisten kenne, ihre Stimmen in den Ohren habe, ihre Art zu gehen, ihren Geruch. Dieses Universum ist real für mich, weil ich unmittelbare Eindrücke mit den Helden und Schurken der Erzählungen verbinde, weil ich mit ihnen einen Resonanzraum gemeinsamer Erinnerungen teile. Tatsächlich aber ist absolut nichts besonders an ihnen.

Tolstoi meinte, jede Familie sei auf ihre ganz eigene Art unglücklich, aber seine schöne Formulierung ist längst durch Statistiker widerlegt worden. Was von meinen Eltern und von mir als einzigartig erlebt wurde, passt exakt zu den demographischen und sozialen Trends der Zeit. Sie trafen ihre individuellen Entscheidungen, studierten, heirateten, bekamen Kinder, ließen sich scheiden, als die Trends es dekretierten. Ihre Berufe, ihre Todesursachen, ihre Vornamen, die Bücher in ihren Regalen und ihr Einkommen – typisch für Menschen ihrer Generation, Klasse und Herkunft, dem allgemeinen demographischen Muster ihrer vom Krieg und später von Vietnam, Woodstock und dem deutschen RAF-Terrorismus geprägten Generation.

Aber wenn sie schon durch nichts auffällig wurden und sich für jede ihrer vielen Eigenheiten und Eskapaden ein historischer oder demographischer Faktor finden lässt – was sie zu meiner Familie machte, waren die norddeutschen, holländischen, plattdeutschen Akzente, in denen sie erzählt wurden, ihr Lachen und ihre Eigenarten, die unerwartete Ähnlichkeit in Mimik oder Gesten, das Gefühl der gemeinsamen Erfahrung, der Zusammengehörigkeit, die verschiedenen Versionen derselben Anekdoten, die Andeutungen und Redensarten, die alle teilten. Was sie einzigartig machte, war, dass ich unter ihnen und nicht unter anderen aufwuchs.

So alltäglich und statistisch unerheblich wie sie sind, haben sich mir die Geschichten meiner Familie doch tief eingeprägt, sie haben die Spuren hinterlassen, auf denen mein Leben von

Anfang an gelaufen ist. Diese Geschichten haben meine Haltung zur Welt gefärbt und geformt und meinen Sinn für Humor, meinen Instinkt fürs Erzählen, für die verschiedenen Idiome und Register der Sprache selbst.

Während die geteilten Geschichten mir so etwas wie Zugehörigkeit und sogar Identität vermittelten, waren es besonders die umstrittenen Geschichten, die mich zu beschäftigen begannen. Aufgrund der bitteren Schlachten, die meine Eltern über die Vergangenheit und die Erinnerung ihrer Ehe führten, hatte ich verstanden, dass ich ihnen gegenüber in einer unmöglichen Situation war. Ich wollte ihnen beiden glauben, keinem von beiden konnte ich glauben, weil alles, was sie erzählten, Schlagseite hatte. Man kann nicht ohne Geschichten leben, merkte ich, aber glauben darf man ihnen auch nicht, sie sind schön, und man kann sich in ihnen zuhause fühlen, aber man muss gegensteuern, es ist kein Verlass auf sie.

Die Geschichten meiner Familie rieben sich immer wieder aneinander und an der Wirklichkeit. Umso wunderbarer war meine Entdeckung, dass ich durch Filme und besonders Bücher allein und frei in Erzählungen eintauchen konnte, die der Wirklichkeit keine Rechenschaft schuldig waren und in denen nur die Gesetze der Verführung und Bezauberung gültig waren. Auch das Papiertheater meines fernen Onkels kommunizierte auf diese Art und Weise mit mir. Ich habe diesen Jungen, der mit dreizehn Jahren ums Leben gekommen ist, nie getroffen, habe nie auch nur ein Foto von ihm gesehen, aber ich habe mit ihm gespielt und bin seiner Geschichte gefolgt, in ein Land, das wir beide bestenfalls aus zweiter Hand kannten.

Das Papiertheater war ein wortloses Epos. Diese Landschaft von Helden und Abenteuern hatte alles, was eine gute Geschichte ausmacht. Die Papierfelsen und Wäldchen und ganzen Landschaften und Figuren wurden so zueinander angeordnet, wie ein Geschichtenerzähler es tut: Entfernungen werden gestaucht oder gedehnt, die Perspektive wird übertrieben, Unwichtiges wird weggelassen, mit wenigen Kunstgriffen wird eine Atmosphäre suggeriert, eine Struktur. Aus dem Chaos der Dinge werden charakteristische Details oder Figuren herausgehoben und ins Rampenlicht gestellt, eine mehr oder weniger subtile Manipulation, eine ständige Verführung.

Diese Fantasiewelt erlitt allerdings in meiner Vorstellung bald Risse. Ich besaß drei illustrierte, für Kinder geschriebene Bücher über die Geschichte Amerikas, den sogenannten Wilden Westen und die Indianer. Vielleicht hatte auch er solche Bücher gehabt, aber in den meinen gab es ein Kapitel über die Kriege zwischen Indianern und weißen Siedlern oder der Armee.

Mehr noch als der Text, der kurz und allgemein gehalten war, verstörten mich die Fotos von den gefrorenen, in einer Geste der stummen Klage erstarrten Leichen massakrierter indianischer Krieger und ganzer Familien in Massengräbern und die traumatisierten Gesichter von überlebenden Kindern solcher Massaker, von sogenannten Missionaren in Anzüge und Kleidchen gesteckt und mit kurz geschorenen Haaren und gewaschenen Ohren vor die Kamera gesetzt, als Triumph der christlichen Zivilisation.

Ich liebte wie gesagt das Theater meines Großonkels, weil ich die Träume liebte, die er dabei geträumt hatte, die Gefühle, die er damals fühlte und ich jetzt. Aber die Geschichte selbst war offensichtlich faul, spürte ich. Es muss etwas falsch sein an einem noblen Traum, wenn er in gefrorenen Leichen endet.

Der Wilde Westen war eine ideale Projektionsfläche kindlicher Heldenträume und erwachsener Konflikte. Gleichzeitig war diese Movie-Konfektion einer traumatischen Vergangenheit ein enormer Propagandacoup, denn die Legende verbirgt einen geplanten und bewusst ausgeführten Massenmord an der indigenen Bevölkerung durch Siedler und Goldgräber, Armee und Regierung, neben der Sklaverei die blutige Erbsünde der USA.

Die Spannung zwischen dem Wilden Westen von Karl May und der neuen Geschichte des Genozids, der hinter dieser Romantik verborgen wurde, ist irgendwann zu groß geworden. Es regte sich zu viel Widerspruch. Eine neue Generation von Historikern schreibt eine andere Art von Geschichte und beurteilt die Ereignisse anders. Die Geschichte des sogenannten Wilden Westens lässt sich nicht mehr so erzählen, wie es ein Erfolgsautor vor mehr als einhundert Jahren getan hat. Sie ist als Propagandalüge entlarvt, als Maske, die der Vergangenheit übergestülpt wird. Sie hindert ihre Betrachter daran, ein Gesicht zu sehen, das den historischen Fakten mehr entspricht.

Manchmal allerdings ziehen die Betrachter, das sogenannte Publikum, die Maske vor. Sie wollen das Gesicht dahinter gar nicht sehen. Sie kennen die Maske, sie ist ihnen vertraut, sie ist Teil von ihnen, ein Requisit in ihren Geschichten. In ihnen geht es nicht um Dokumente, archäologische Funde, statistische Analysen, sie nehmen aus der Vergangenheit nur einige Totems, denen sie ihren eigenen Sinn verleihen, einen Ort in ihrer Geschichte, die fast immer die Geschichte eines gerechten Kampfes ist.

Alle Kulissen lügen, suggerieren, manipulieren, erwecken einen Anschein. Sie sollen zwischen Wirklichkeit und Möglichkeit vermitteln, als visuelle Brücken für die Vorstellungskraft, sollen Räume öffnen und sie bewohnen und in diesen neuen Räumen neue Geschichten entdecken, die eigentlich Echos alter Mythen sind.

Hinter den Figuren des Papiertheaters – Winnetou mit fliegendem, schwarzem Haar und seinem Blutsbruder Old Shatterhand, dem blonden Recken – verbergen sich mittelalterliche Aventüren und Räubergeschichten, Rittersagen und romantische Meisterwerke, biblische Helden und Halbgötter der Antike – und hinter all dem verbirgt sich eine uralte Angst: Überleben, Überwindung, Freiheit, erträumtes Glück, das Leben mit der Natur und mit dem eigenen Tod, moralische Klarheit, der endlose Kampf gegen den Widersacher, gegen die Bedrohung von außen, den Feind, den Barbaren, das Tier.

* * *

Ich wäre zweifellos überrascht, wenn das längst verloren geglaubte Papiertheater plötzlich wieder auftauchte. Vielleicht wäre es viel kleiner und gröber gezeichnet, als es in meiner Erinnerung ist, vielleicht hat meine Fantasie mithilfe von Büchern und Filmen und Tagträumen so viel ausgeschmückt, dass sich die Wirklichkeit und die Erinnerung daran kaum gleichen. Es ist ein Theater der Erinnerung geworden, und diese Erinnerung kann gar nicht falsch sein, weil sie kein Objekt mehr hat, weil das, auf das sie sich bezieht, längst verrottet und verschwunden ist. Erst dann werden Erinnerungen wirklich frei.

NARZISSTISCHE KRÄNKUNG
EINS

Drehmoment und Angelpunkt

»Und sie bewegt sich doch«, soll der untersetzte italienische Gelehrte 1633 gesagt haben beim Verlassen des Gerichtssaals. Das ist wohl eine Erfindung, eine postume Legende. Der Prozess aber fand tatsächlich statt.

Galileo Galilei sollte der ketzerischen Meinung abschwören, dass sich die Erde um die Sonne dreht und nicht andersrum. Er wurde gezwungen zu widerrufen, dass die Erde nicht der Mittelpunkt des Universums ist, dass die Menschheit nicht Zentrum und Ziel der Schöpfung bildet, dass Jerusalem nicht der Omphalos des Weltalls ist, wie auf mittelalterlichen Karten abgebildet.

Schon Archimedes hatte gemeint, mit einem einzigen festen Punkt könne er die Welt aus den Angeln heben. Jetzt war sie aus den Angeln gehoben worden.

KAPITEL
EINS

EIN SCHATTENBILD

Du rastlos Ungeheuer
Aus Erde, Wasser, Luft und Feuer,
In ew'gen Wandelungen
Des Universums Werkstatt kühn entrungen,
Ein Wunder, wie kein zweites noch die Himmel kennen
Und um mit einem Worte dich zu nennen:
Du, Welt! die, wie das Lied vom Phönix singet,
Stets aus der eignen Asche sich verjünget!

CALDERÓN, *EL GRAN TEATRO DEL MUNDO*,
ÜBERSETZT VON JOSEPH VON EICHENDORFF

Es ist nicht einfach, Calderón zu lesen, zumindest mir fällt es nicht leicht, und ich vermute, das ist auch bei anderen Zeitgenossen so. Die ornamentale Rhetorik der Barockdichtung erschließt sich nur schwer, die Sprache geht auf Stelzen, oder eigentlich steht sie, marmorn wie die Figuren, die auf der Bühne keinerlei Entwicklung durchmachen. Sie treten auf, nehmen ihr Kostüm, deklamieren ihre Rolle, legen die Kostüme wieder ab und machen einen schamhaft nackten Abgang von der Bühne, direkt ins Grab. Dies ist die Ordnung der Welt. Unveränderlich. Der König ist immer der König, der Bettler muss über sein grausames Los klagen und um Almosen bitten, der Reiche wird sie ihm verweigern, der Bauer gehört hinter den Pflug, nichts wird sich jemals verändern, keine andere Ordnung ist möglich, denkbar, wünschenswert, denn dies ist des Herren Werk und alle anderen Ideen Ketzerei. Gott hat das Spektakel schließlich ins Leben gerufen, als er die Erde schuf und den Figuren ihre Rollen gab. Im Spanien des 17. Jahrhunderts war das spirituelle Übung und politische Propaganda zugleich.

Eichendorffs Übertragung ins Deutsche trifft den barocken Ton so gut, dass sie daherkommt wie in Stuck gegossen, allegorische Figuren aus Stroh und Kalkverputz. Man hört den Gips förmlich durch die Verse bröseln. Legen wir diesen Text also beiseite. Legen wir auch Hofmannsthals Neufassung für Salzburg respektvoll dazu – der neobarocke, um nicht zu sagen mittelalternde Gestus, der daraus spricht, ist als Phänomen der intellektuellen Geschichte der Zwischenkriegszeit faszinierend, als Bühnenwerk lähmend undramatisch und als Gesellschaftsvision einer anderen Epoche zugehörig.

Die Sperrigkeit dieser Texte, in denen eine ewige Weltordnung dargestellt wird, führt gleich zu einer Serie von Fragen: Was passiert, wenn eine statische Ordnung in einer Welt besteht, die in einer enormen Konvulsion der Veränderung wild um sich schlägt? Was entsteht aus der Kollision zwischen der unaufhaltsamen Kraft und dem unbeweglichen Hindernis? Was passierte in Calteróns Lebenszeit, und was passiert heute, in meiner, in unserer? Und was ist notwendig, um die Ordnung der Welt, die schließlich in den Köpfen der Menschen besteht, stark genug zu verändern, dass sie einer veränderten Wirklichkeit entspricht? Ist es überhaupt möglich?

Pedro Calderón de la Barca y Barreda González de Henao Ruiz de Blasco y Riaño (1600 bis 1681) hatte eine abenteuerliche Lebensgeschichte. Er war Jurist, Berufsoffizier und Bühnenautor, schrieb Dutzende von Tragödien und Komödien für kommerzielle Theater und nahm an Feldzügen nach Katalonien, Italien und Flandern teil. Seine Mutter stammte aus Flandern. Ihr Sohn kehrte als Besatzer zurück. Schon während dieser Zeit, im Alter von etwas über dreißig Jahren, schrieb er eines seiner berühmtesten philosophischen Dramen, *La vida es sueño* (Das Leben ein Traum), dessen Kernargument mit den radikalen Erfahrungen eines Soldaten, der wiederholt gekämpft, getötet und gelitten hatte und dem der Tod allgegenwärtig war:

> ¿Qué es la vida? Un frenesí.
> ¿Qué es la vida? Una ilusión,
> una sombra, una ficción,
> y el mayor bien es pequeño.
> *¡Que toda la vida es sueño,*
> y los sueños, sueños son!

> Was ist das Leben? Eine Raserei.
> Was ist das Leben? Eine Illusion,
> ein Schatten, eine Fiktion,
> und das größte Gut ist klein.
> *Denn das ganze Leben ist ein Traum,*
> und die Träume sind Träume!

War Calderón den Werken Shakespeares vielleicht in Flandern begegnet, oder nahm er diese Gedanken aus anderen Quellen? Macbeth jedenfalls quittiert die Nachricht vom gewaltsamen Tod seiner Frau mit den desillusionierten Worten:

Life's but a walking shadow, a poor player
That struts and frets his hour upon the stage,
And then is heard no more. It is a tale
Told by an idiot, full of sound and fury,
Signifying nothing.

In Dorothea Thiecks schöner Übersetzung:

Leben ist nur ein wandelnd Schattenbild;
Ein armer Komödiant, der spreizt und knirscht
Sein Stündchen auf der Bühn', und dann nicht
mehr
Vernommen wird: ein Märchen ist's, erzählt
Von einem Dummkopf, voller Klang und Wut,
Das nichts bedeutet. —

Calderón kehrte nach Spanien zurück und versuchte als Privatmann sein Glück zu finden. Er heiratete spät, aber seine Frau starb bald nach der Geburt ihres ersten Sohnes, und der trauernde Vater gab das Kind weg. Er versuchte vielleicht, diesem grausamen Traum, der erbarmungslosen Bühne seines Lebens zu entkommen, als er sich entschloss, Priester zu werden. Er schrieb nur noch selten weltliche Theaterstücke, aber sein Welttheater ist auch eine Flucht vor dem Nihilismus eines Soldaten, ein christlicher Fatalismus, der von jedem verlangt, die ihm zugewiesene Rolle zu spielen, das Kostüm überzustreifen und dann wieder abzulegen, Auftritt und Abgang, das ewig mahlende Mühlrad des Lebens, in dessen Speichen sogar der Erlöser nicht greift, denn es geht um Akzeptanz, nicht um Überwindung.

Das Leben als wandelndes Schattenbild, als Bühne, die von

der Bühne aus beschworen wird – so ein wahnsinniger Kreislauf entsteht in einem Hirn, das mit dem Tod konfrontiert ist, aber das Bild weist weit darüber hinaus, auf das Schattenspiel, das Höhlengleichnis, die Storyline, die an die Wand projiziert wird, die ein Publikum zu einer Erfahrungsgemeinschaft macht durch den geteilten Resonanzraum der erzählten Emotionen.

Ich werde also versuchen, die Welt so zu sehen, wie es Calderón und den Salzburger Festspielen angemessen ist: als Theater und als Bühne. Der spanische Priester und Dramatiker entwarf seine Weltordnung in Versform wohl auch als einen Fluchtort vor dem Leiden und den zufälligen Grausamkeiten des eigenen Lebens. Er suchte Halt in der ewigen Architektur der Schöpfung.

Wie ironisch, dass er das gerade zu einem Zeitpunkt tat, an dem die Schöpfung immer mehr aus dem Lot zu geraten schien, die göttliche Ordnung der Natur selbst auf den Kopf gestellt. Dies ist der weitere historische Kontext zu Calderón und seiner Erfahrung einer zusammenbrechenden Ordnung, die er sich für die Bühne immer wieder aufs Neue erschrieb: die sogenannte Kleine Eiszeit mit all ihren meteorologischen, wirtschaftlichen und kulturellen Konsequenzen, die auch das Reich der spanischen Habsburger bis ins Mark erschütterte und grundlegend transformieren sollte. Beginnen wir diese Geschichte also in einer Provinz dieses mächtigen Reiches, in den Niederlanden, die damals noch unter Madrids langem Schatten lebten, verwickelt in einen ewigen Rebellenkrieg gegen die fernen, katholischen Besatzer.

DER AUFSTAND
DER NATUR

Am 2. Januar 1565 türmte ein Eisberg sich bei der kleinen Stadt Delfshaven nahe Rotterdam auf die niederländische Küste. Ein Maler hielt das Ereignis fest. Auf seinem Ölbild ragt der Eisberg – vielleicht sind es auch aufeinander geschobene Schollen von Packeis, das sich auf der offenen See dahinter fortsetzt – haushoch in den Himmel. Mehrere Männer klettern darauf herum, erkunden und vermessen das Ungetüm, während andere zu seinen Füßen zu tanzen scheinen. Die Fischerboote davor liegen schwarz und regungslos im zugefrorenen Hafen. Die Eismassen haben ganze Bäume abgeknickt und erheben sich hoch über die winzigen Figuren.

Es ist verständlich, dass die Einwohner dieses Fischerdorfes die Ankunft eines Eisbergs als eine Sensation betrachteten. Eisberge und auch schweres Packeis waren in den Niederlanden nur aus den Geschichten von Seeleuten bekannt, und die meisten Leute hörten sich zwar gern Seemannsgarn an, schenkten ihm aber wenig Glauben. Matrosen erzählten die tollsten Geschichten. Dieser Eisberg aber war keine Fiktion. Er begrub alles unter sich, was ihm in den Weg kam, ein dramatisches Zeichen für einen dramatischen Wandel.

Die sogenannte Kleine Eiszeit, die um die zweite Hälfte des 16. Jahrhunderts Europa um mehr als zwei Grad abkühlte, in-

spirierte nicht nur Maler dazu, den Winter als Sujet für Landschaftsszenen zu entdecken, sie veränderte den Kontinent.

Mit strengen Wintern bis in den Mai und verregneten Sommern kamen katastrophale Ernten, Hungersnöte, Epidemien und soziale Unruhen. Der Getreidepreis schoss in die Höhe und verursachte in den Städten eine mörderische, bis dahin unbekannte Inflation, an manchen Orte stiegen die Kosten für einen Sack Mehl innerhalb eines einzigen Jahres um das Doppelte. Flüsse und sogar Mittelmeerhäfen waren bis ins Frühjahr hinein zugefroren, sodass während des Dreißigjährigen Krieges ganze Armeen über die Donau reiten konnten, und Berichten zufolge fielen Vögel erfroren aus dem Himmel. Die Welt, wie sie bis dahin gewesen war, stürzte in eine tiefe Krise.

Noch heute ist es unter Wissenschaftlern umstritten, was die Ursache dieser Kälteperiode war, die den ganzen Globus abkühlte, ihre Folgen aber sind sehr genau dokumentiert. In einer vorindustriellen Welt, in der das Überleben der Bevölkerung von der lokalen Landwirtschaft abhing, stellten Missernten und tiefe Minusgrade eine existenzielle Bedrohung dar. 1587 dichtete der englische Dramatiker Christopher Marlowe über »Europe where the sun dares scarce appear / For freezing meteors and congealed cold« (Europa, wo die Sonne es kaum wagt, sich zu zeigen / Wegen gefrorener Meteoriten und gestockter Kälte), während sein Kollege Ben Webster meinte, die eisige Natur hätte den Frühling einfach vergessen. Im preußischen Stendal schrieb währenddessen Pastor Daniel Schaller 1595 in sein Tagebuch: »Die Lichter und Fenster am Gewölb des Himmels werden oft dunkel und der Welt zu ihrer Büberei nicht mehr scheinen und leuchten / und sehnen sich mit uns nach unser Erlösung ... Die Sonn / Mond / und andere Sterne / leuchten / scheinen und wirken nicht mehr so kräftig als zuvor / es ist mehr kein rechter beständiger Sonnenschein / kein steter Winter und Sommer / die Früchte und Gewächs auf Erden werden nicht mehr so reif / sind nicht mehr so gesund, als wie sie wohl ehezeit gewesen.«

Gemälde, Verse und Sätze waren Anfänge von Geschichten, die Menschen damals über die Verwandlung ihrer Welt erzählten. Wie alle Geschichten wuchsen auch sie aus einem Repertoire von Bildern, die in Kultur und Literatur vorhanden waren, und wie alle Geschichten boten auch sie Handlungsanleitungen für den Umgang mit der Krise.

Die langsame Katastrophe der Kleinen Eiszeit wurde von Menschen, die häufig noch bis ins 16. Jahrhundert hinein eine mittelalterliche Welt bewohnten, zuerst weithin als göttliche Strafe angesehen, und diese Interpretation bestimmte auch die Reaktionen darauf. Die verdorbenen Ernten waren ein moralisches Problem. Sie drückten Gottes Zorn über und Bestrafung für die Sünde aus. Bußgottesdienste, Prozessionen und Selbstgeißelungen fanden statt, Priester trugen in feierlichen Zügen Kruzifixe und Reliquien auf die sich immer weiter ausbreitenden Gletscher, um ihnen Einhalt zu gebieten, Bittgebete und Kirchenlieder über Gottes Zorn und eisige Winter hallten durch die kalten Gemäuer der Kirchen.

In Mitteleuropa, etwa vom Elsass bis in die Schweiz und über große Teile Deutschlands, reagierten die Einwohner auf Frost und auf verfaulendes Getreide auf den Feldern auf eine besondere Weise. Nach fast jeder Missernte ging eine Welle von Hexenverfolgungen durch das Land. Den Frauen (und einigen Männern), die beschuldigt wurden, wurde immer wieder vorgeworfen, die Ernte und das Vieh verhext und verdorben zu haben. Dass sie auch Unzucht mit dem Teufel getrieben haben sollten, erscheint fast wie ein Detail, das aus der überreizten Fantasie der Richter geboren war. Tausende von Menschen wurden auf Scheiterhaufen qualvoll zu Tode gebracht.

Die harten Winter zeigten sich unbeeindruckt von diesem mörderischen religiösen Eifer. Sie blieben ein weiteres Jahrhundert ungewöhnlich kalt, und die Europäer fanden erst nach und nach Wege, dem Unglück zu begegnen. Langsam verlor die alte Geschichte der göttlichen Bestrafung an Glaubwürdigkeit. Neue empirische Strukturen und Methoden entstanden, um die Launen der Natur auszugleichen. Der internationale Handel wurde verstärkt, und besonders Amsterdam wurde zur Drehscheibe für Getreide aus dem Baltikum, das bis nach Italien verkauft wurde, um Missernten auszugleichen.

Botaniker begannen damit, empirisch danach zu forschen, wie die Landwirtschaft produktiver werden konnte, und führten neue Nutzpflanzen wie Kartoffeln und Mais ein, Grundbesitzer verjagten landlose Bauern von den Almenden und begannen im großen Stil nicht für den Gebrauch an Ort und Stelle, sondern für regionale oder sogar internationale Märkte zu produzieren. Aus einer spätfeudalen Welt von Bauern und Adeligen wurde innerhalb eines Jahrhunderts eine frühkapitalistische Landschaft, in der Gesellschaften nicht mehr um die Festungen der Herrschaft, sondern um Märkte in Städten herum organisiert waren. Die Welt veränderte sich unwiderruflich. An anderer Stelle habe ich ausführlicher darüber geschrieben.

EINE NEUE ART MENSCH

Hätt' ich doch
Unbekannte Ausdrücke
Fremdartige Aussprüche
Neue Worte
Frei von Wiederholungen

O wüsst' ich doch nur
Was andere nicht wissen
Was noch nicht gesagt wurde.

CHACHERPERRESENEB, ÄGYPTEN,
UM 1800 VOR CHRISTUS

Die Kleine Eiszeit ist ein Beispiel dafür, wie Menschen aus den Geschichten der Vergangenheit heraus auf eine veränderte Gegenwart reagieren, weil sie noch keine Geschichten, noch keine Bilder im Kopf haben für die neue Realität, keine Landkarten für dieses fremde Territorium.

In einem aus religiöser Perspektive erzählten Universum waren die ungewohnt harten Winter für Menschen des späten Mittelalters ein moralisches Problem: Gott strafte sie für ihren sündigen Lebenswandel, so wie er den Ägyptern sieben Plagen geschickt hatte. Wenn seine Kreaturen ihn um Gnade baten und bereit waren, wieder nach seinen Geboten zu leben, würde auch das Gleichgewicht der Natur zurückkehren. Dieser Trugschluss kostete vielen sogenannten Hexen und Hexern das Leben, schuf aber keinerlei Abhilfe.

Die Wende vollzog sich zuerst langsam, an verschiedenen Orten, zu unterschiedlichen Zeiten und nicht immer erfolgreich, aber sie gewann im Lauf des 17. Jahrhunderts an Schwung. Fragmente und Konturen einer neuen Geschichte wurden sichtbar und hatten ihren Auftritt auf der Bühne der öffentlichen Debatte und der kollektiven Imagination. Neue Ideen wurden ausprobiert, unterschiedliche Wissenssysteme und Weltbilder wie Magie, Alchimie, Astrologie, Hexerei, Kabbala, Geheimbünde und Propheten schlugen neue Lesarten der Welt vor – und scheiterten, bis eines von ihnen, die ebenfalls erst im Entstehen begriffene wissenschaftliche Methode, die anderen verdrängte.

Die Entwicklung dieser neuen Art von empirischem begründetem Wissen, von Märkten, Universitäten, Städten und neuen wirtschaftlichen Praktiken konnte verschiedene Antworten auf die Krise der Landwirtschaft finden, um die Not zu lindern, vom Anbau neuer Nutzpflanzen wie der Kartoffel und dem verstärkten Düngen der Felder, bis zum internationalen Getreidehandel und der Erschließung neuer Ressourcen in kolonisierten Gebieten. Aus diesen neuen Praktiken und neuen Bildern, die von der Welt geschaffen wurden, entstanden eine neue Gesellschaft und eine ganz neue Art Mensch: Städter, die lesen und schreiben und rechnen konnten und ein neues Selbstbewusstsein entwickelten.

Märkte in den wichtigen Handelsstädten beförderten einen intensiveren Austausch von Waren und Ideen sowie Toleranz gegenüber Andersgläubigen. Für den Handel ist nicht die Religion eines Vertragspartners wichtig, seine Rechtschaffenheit oder seine moralischen Ideen, sondern nur die Einhaltung von Verträgen. Schon Karl Polanyi hat beschrieben, wie Märkte Gesellschaften verändern. Märkte sind tolerant dem Privatleben gegenüber. Wen jemand anbetet und mit wem er oder sie schläft, geht niemanden etwas an. Aber sie verlangen nach verbindlichen Gesetzen, um Verträge zu garantieren und Vertragsbrüche zu ahnden, nach Experten, die Gesetze auslegen und Verträge interpretieren können, nach stabilen Institutionen, die für alle gelten, nach Gleichheit vor dem Gesetz.

Eine Mittelklasse bildete sich um die Märkte herum und forderte ein Mitspracherecht in politischen Entscheidungen. Um diesen Anspruch zu rechtfertigen, stützte sie sich auf eine alte philosophische Idee: die Gleichheit und Freiheit aller Menschen und die Unterordnung religiöser Überlieferungen und aristokratischer Traditionen unter logisches Denken und empirischen Wissenserwerb. Die Aufklärung war geboren. Es ist nicht verwunderlich, dass die meisten Exponenten dieser neuen Bewegung von Spinoza (einem Import-Export-Kaufmann) bis Diderot (dem Sohn eines Klingenschmieds) und Kant (dem Sohn eines Sattlers) aus dieser urbanen, produktiven, hart arbeitenden Klasse stammten.

Das aufgeklärte Denken machte seinerseits neue soziale Praktiken möglich. In ganz Europa wurden neue Schulen gegründet, mehr und mehr Leute waren alphabetisiert und mehr Bücher, Flugblätter und Zeitungen wurden gedruckt, Universitäten begannen, nicht nur Kirchenrecht und Jura zu unterrichten, sondern auch Chemie, Physik, Botanik und Geschichte, die wissenschaftliche Methode entstand aus den beharrlichen Versuchen zahlloser Menschen, die Mechanismen der aus dem Gleichgewicht geratenen Natur zu verstehen.

Die Omega-Phase

Während der Kleinen Eiszeit konnten sich die damaligen Gesellschaften erst an die neuen Verhältnisse anpassen, als sie begannen, andere Bilder im Kopf zu haben (empirisches Wissen, Gleichheit vor dem Gesetz, Toleranz, Freiheit), sich andere Geschichten zu erzählen und aus ihnen heraus auch anders zu handeln. Das dauerte, besonders weil einprägsam erzählte Geschichten sich nur schwer durch andere ersetzen lassen.

Worte, Geschichten und Bilder im Kopf bestimmen, wie die Gedanken und Gefühle in einer Gesellschaft sich in Individuen spiegeln, in welche Formen sie gegossen werden und was sie denken, sich vorstellen können. Der französische Philosoph und Schriftsteller Denis Diderot macht das in einem Dialog anschaulich. Die Szene knüpft an eine damals sensationelle Reise an, Bougainvilles Expedition nach Tahiti 1768, das erste Mal, dass Europäer die Pazifikinsel besuchten. Ein Inselbewohner, ein Mann namens Aotourou, hatte sich bereit erklärt, die Europäer auf ihrer Rückreise zu begleiten, und wurde auch tatsächlich nach einem Aufenthalt in Paris, während dessen er in allen Salons herumgezeigt wurde, wieder in seine Heimat gebracht.

Diderot protokollierte eine imaginäre Unterhaltung zweier Freunde über diese Reise. Einer der beiden fragt sich, was Aotourou seinen Leuten wohl von seiner Reise erzählen wird, und bekommt eine Antwort, die ihn überrascht:

»Wenige Dinge, und sie werden mir nicht glauben.
Warum nur wenig?
Weil sie sich wenig darunter vorstellen können und
weil sie in ihrer Sprache keine Begriffe finden werden,
die denen entsprechen, die er ausdrücken will.

Und warum werden sie ihm nicht glauben?

Weil sie ihre Sitten mit den unseren vergleichen. Sie werden Aotourou lieber als einen Lügner betrachten, als uns für so verrückt zu halten.

Wirklich?

Ich zweifle nicht daran: Das ursprüngliche Leben ist so einfach, und unsere Gesellschaften sind so komplizierte Maschinen! Der Mensch von Tahiti berührt den Ursprung der Welt, der Europäer ihr Alter. Der Abstand, der uns trennt, ist größer als der zwischen einem gerade geborenen Kind und einem senilen Greis.«

Aotourou wird kaum über seine Reise sprechen, weil seine Sprache und der Erfahrungshorizont seines Publikums die Realität einer europäischen Gesellschaft nicht abbilden können. Sie haben keine Bilder im Kopf dafür. Wie erklärt man Menschen, die noch nie eine Straße oder ein Pferd oder ein Rad gesehen haben, eine Kutsche?

Es ist einfacher, den, der so etwas zusammenfabuliert, als Lügner abzutun, als den schwierigen Versuch zu unternehmen, zu verstehen, was er sagen will, welche mögliche Wirklichkeit er skizziert. Die Sprache einer Periode kann nicht nur ein Mittel zur Kommunikation sein, sie kann genauso gut jede effektive Kommunikation verhindern, weil sie sich entwickelt hat, um eine spezifische Realität abzubilden und spezifische Zusammenhänge auszudrücken, nicht aber alle Formen von Wirklichkeit.

Bis zu einem gewissen Grad bilden unterschiedliche Sprachen tatsächlich unterschiedliche Welten ab, oder zumindest sehr unterschiedliche Perspektiven auf ähnliche menschliche Erfahrungen, Worte und Ausdrücke, die sich nicht voll übersetzen lassen, die nur so ausgedrückt werden können. Wenn aber die Wirklichkeit und die Sprache, die sie abbilden soll, nicht mehr zusammenpassen, wenn die Sprache nicht die richtigen Worte hat, um die Gefühle und Erfahrungen auszudrücken, die das Leben vieler Menschen bestimmen, dann muss die Suche nach einer anderen Sprache beginnen.

Diese Suche ist ein langwieriger Prozess. Ein Machtkampf beginnt zwischen den verschiedenen Interpretationen der Wirklichkeit. Seine Schlachtfelder erstrecken sich von der Politik und der wirtschaftlichen Dominanz bis auf die Bühnen von Theatern, die Kinosäle, soziale Netzwerke und Vereine, virtuelle Welten und Wirtshäuser. Neue Geschichten, neue Wissensformen, neue Emotionen werden ausprobiert, wilde Verschwörungstheorien wuchern. Wenn starke Geschichten Haltungen und Handlungen schaffen, setzt ein Gefühl von Dekadenz ein, von Fäulnis. In seinen *Gefängnisheften* schrieb der marxistische Philosoph Antonio Gramsci über das Italien der Zwischenkriegszeit: »Die Krise besteht gerade in der Tatsache, dass das Alte stirbt und das Neue nicht zur Welt kommen kann: In diesem Interregnum kommt es zu den unterschiedlichsten Krankheitserscheinungen.«

Ein Vakuum entsteht, ein Moment der Sprachlosigkeit, wenn auch nicht der Stille. Viele Stimmen versuchen, durch ihre Lautstärke oder ihre Emotion davon abzulenken, dass sie längst sprachlos geworden sind. Alle Verbindlichkeiten bröckeln, Regierungen missachten offen ihre eigenen Gesetze und Gerichte, jede Überzeugung ist suspekt, alle Fakten gelten als Konstrukte, hinter jeder Wahrheit verbergen sich Manipulation und Hegemonie.

Panik setzt ein, Propaganda und Fake News versuchen das

Vakuum zu füllen, die Ungewissheit des Sieges oder die Gewissheit des Zusammenbruchs wegzureden. Im 16. Jahrhundert waren es Selbstgeißelungen, Kirchenlieder und Hexenprozesse, die verdecken sollten, dass die Geschichten der Vergangenheit den Herausforderungen der Gegenwart nicht die Stirn bieten konnten, dass sie keine Sprache und keine Bilder hatten für die neue Zeit. Vierhundert Jahre später lässt sich ein ähnlicher religiöser Eifer beobachten, ein ähnliches Aufheulen der Stimmen, die immer noch die Geschichten der Vergangenheit erzählen.

Der Klimawissenschaftler Hans Joachim Schellnhuber nennt diesen Moment die Omega-Phase, ein Begriff, den er der Wirtschaft entlehnt hat. Die Omega-Phase ist eine Phase des extremen und ruinösen Niedergangs, in der ein Betrieb, der in Schwierigkeiten geraten ist, versucht, seine Probleme zu lösen, indem er genau das intensiviert, was er bisher getan hat: Produktivität, Innovation, Sparmaßnahmen, Stellenabbau, Preisdruck, Werbung – alles mehr, schneller, radikaler.

Wenn aber der Fehler im Modell liegt, wenn es für die Produkte keine Käufer gibt, wenn sie den eigenen Standort vergiften oder wenn sie auf falschen oder veralteten Technologien aufbauen, wird diese Omega-Phase den Ruin nur beschleunigen und auch das, was eigentlich noch zu retten wäre, unter sich begraben.

Das Kennzeichen eines Systems in der Omega-Phase ist, dass es keine Konzeption einer qualitativ anderen Zukunft gibt. Es gibt nur mehr oder weniger vom Bekannten, aber nicht etwas außerhalb der gegenwärtigen Struktur. Die Protagonisten handeln und planen in der Annahme, dass die Gegenwart so ist, wie sie nun einmal ist, dass keine wirkliche Alternative besteht und dass deswegen nichts anderes übrigbleibt, als eben weiterzumachen wie bisher, nur mit noch mehr Energie und Entschlossenheit, immer weiter hinein, immer schneller, immer mehr.

Der eigentliche Ruin liegt darin, dass sich eine andere Lösung in der gegenwärtigen Sprache, mit den gegenwärtigen Bildern im Kopf gar nicht denken lässt. So ist es einfacher, weiterzumachen und jedes andere Szenario als Fantasterei oder naiven Unsinn abzutun.

NARZISSTISCHE KRÄNKUNG
ZWEI

Über Baumstämme und Stammbäume

Charles Darwin war kein geborener Revolutionär. Er lebte auf dem Land, versunken in seine Käfersammlung und seine botanischen Studien. In seinem bahnbrechenden Werk On the Origin of Species *versuchte er sogar, die Wucht seiner Idee herunterzuspielen. Aber es änderte nichts. Alle Arten, so hatte er belegt, waren miteinander mehr oder weniger nahe verwandt, hatten gemeinsame Vorfahren, entwickelten sich durch einen Prozess der natürlichen Auswahl weiter. Alle Arten. Darunter auch der Mensch.*

Damit war es vorbei mit der Erhabenheit als Gottes Ebenbild. Natürlich gab es erbitterte Gegenwehr, aber Darwins unchristliche Idee hatte eine schreckliche Macht: Sie konnte vieles sehr einfach erklären, was sonst nur mit größten theoretischen und theologischen Verrenkungen gerechtfertigt werden konnte.

Darwin wurde von Zeitgenossen als Affe im Tweedanzug karikiert. Die Idee, dass die Erde nicht der Mittelpunkt des Universums ist, hatte sich inzwischen durchgesetzt und galt als wahr. Dass aber der Mensch nicht die Krone der Schöpfung sein, sondern einen Vorfahren mit Affen teilen sollte, das ging zu weit.

KAPITEL ZWEI

DER KRIEG GEGEN DIE ZUKUNFT

Das Land ist in schlimmem Zustand
Der Elende hat keine Kraft sich zu schützen
Es ist vergeblich einen Unwissenden zu überzeugen
Gegenrede schafft Feindschaft
Man nimmt die Wahrheit nicht an.

Weit und schwer ist das Leiden
Siehe, Herr und Diener sind in derselben Lage.

CHACHERPERRESENEB, ÄGYPTEN,
UM 1800 VOR CHRISTUS

»Dies ist ein Krieg,« sagte ein Freund, ein Wissenschaftler, der sich mit Flussökologie und der Erhaltung natürlicher Lebensräume und Biosysteme beschäftigt, auf der Terrasse des Café Korb in Wien. »Wir erobern und okkupieren ein Territorium und beuten es aus und zerstören, was da ist, und niemand hält uns auf, denn die, die es verteidigen müssten, sind noch nicht geboren. Wir führen einen Krieg gegen die Zukunft.«

Mein Freund ist ein Mann der Zahlen und Beweise, und sie geben ihm recht. Die Menschheit baut mehr Rohstoffe ab denn je, verbraucht jedes Jahr mehr Erdöl, produziert Jahr für Jahr mehr CO_2, so viel, dass die vorausgesagten Veränderungen na-

türlicher Systeme längst Realität geworden sind. Es wird hei-
ßer, Naturkatastrophen häufen sich, das Polareis schmilzt rapide ab, die Meeresspiegel steigen an. All dies ist innerhalb kür-
zester Zeit geschehen, größtenteils in meiner eigenen Lebenszeit, wenn es auch etwa zehn Jahre davor begann, an Fahrt zu
gewinnen. Aber auch der Vergleich mit 1970 sagt schon genug.

1970 wurden weltweit 35 Millionen Tonnen Plastik produziert, 2015 waren es 381 Millionen, mehr als zehnmal so viel.
Allein 2016 wurden weltweit 480 Milliarden PET-Flaschen
verkauft, das sind 20 000 pro Sekunde. Dieser Müll wird um
den ganzen Globus geschickt, um entsorgt oder recycled zu
werden.

Bei meiner Geburt lag der globale Ausstoß an CO_2 pro Jahr
bei 15 Milliarden Tonnen, inzwischen sind es 35 Milliarden,
Tendenz steigend. Gegen Ende des Zweiten Weltkrieges lagen
die globalen CO_2-Emissionen noch unter fünf Milliarden Tonnen, trotz Kriegsproduktion. Seit 1970 hat sich der weltweite
Erdölbedarf fast verdoppelt und steigt jährlich weiter an, und
das, obwohl gleichzeitig wesentlich mehr alternative Energien
genutzt werden. Dreieinhalb Milliarden Menschen teilten sich
vor fünfzig Jahren die Ressourcen dieses Planeten, inzwischen
sind es fast acht Milliarden.

Die sprunghaft in die Höhe schnellende Erdölförderung war
buchstäblich die Quelle dieses rasanten Wachstums, das sich
dann auf andere Ressourcen ausweitete: auf Beton, Metalle,
landwirtschaftliche Produkte wie Palmöl oder Soja, die oft auf
gerodeten Regenwaldgebieten angebaut werden – Produkti-
onsziffern explodierten plötzlich in der zweiten Hälfte des letzten Jahrhunderts, und das nicht nur, weil die Weltbevölkerung
wuchs, sondern weil ein kleiner Teil von ihr einen immer größeren Durst nach Öl und anderen Ressourcen entwickelte.

Technologie und Märkte erlaubten den Menschen einen Lebensstandard wie niemals zuvor, hinterließen aber auch nie dagewesene Schäden und Zerstörungen. Das weitere Vordringen der Zivilisation, die verheerenden Rodungen, Monokulturen, Pestizide, Bodenversiegelungen und die Verschmutzung der Ozeane haben zur Folge, dass in Europa sechzig Prozent aller Wirbeltiere und Insekten verschwunden und Tausende von Arten vom Aussterben bedroht sind. Ein globaler Kollaps der Biodiversität droht, der Organismen und Netzwerke zerreißt oder beschädigt, die zum Teil noch gar nicht entdeckt worden sind.

Das letzte Mal, als so viel Kohlendioxyd in der Atmosphäre war wie heute, war vor etwa drei Millionen Jahren, als die Arktis eisfrei war und die Meeresspiegel zwischen zehn und zwanzig Metern höher, mit Sommern, die acht Grad wärmer waren und in denen es dreimal so viel Regen gab wie heute.

Ein weiteres Ansteigen der Meerestemperaturen würde auch zum Zusammenbruch der Planktonvorkommen führen, die bereits jetzt um vierzig Prozent reduziert sind. Durch die Photosynthese produziert Plankton einen wichtigen Anteil des Sauerstoffs in der Atmosphäre, bindet dabei CO_2 und steht gleichzeitig am Anfang einer mächtigen Nahrungskette. Währenddessen vernichten illegale Brandrodungen pro Jahr eine Fläche Regenwald, die so groß ist wie Österreich und die Schweiz zusammengenommen, dreißig Fußballfelder pro Minute.

Inzwischen hat sich zumindest bei einem Teil der Bevölkerung der westlichen Länder die Idee herumgesprochen, dass eine solche Entwicklung problematisch ist. Man muss etwas tun, von offizieller Seite, etwas, was sich kommunizieren lässt, was gut aussieht und niemandem wehtut. So wird alles ein bisschen smarter, ein bisschen sauberer, ein bisschen nachhaltiger gemacht, große Gesten, internationale Konferenzen und unverbindliche Ziele, ein voll durchgeplantes PR-Ereignis. Vielleicht schaffen es die reichen Industrienationen auf diese Weise tatsächlich, ihren CO_2-Fußabdruck bis 2050 gegen null gehen zu lassen. Dann aber werden Länder wie etwa Österreich, Frankreich, die Niederlande oder Deutschland bereits teilweise versteppt sein oder unter Wasser liegen. London wird dann das Klima haben, das heute in Barcelona herrscht.

So sieht eine Omega-Phase aus.

Das Problem ist nicht, dass all dies intellektuell schwer zu erfassen wäre. Unendliches Wachstum ist mit endlichen Ressourcen schwer zu verwirklichen. Es ist viel eher, dass es denen, die die Möglichkeit hätten, daran etwas zu ändern, materiell so gut geht wie noch nie, während sie gleichzeitig unsicherer und gestresster geworden sind als die Generation ihrer Eltern.

Wie es scheint, ist es kein Zuckerschlecken, zu den Siegern im Krieg gegen die Zukunft zu gehören, vielen Menschen geht es nicht gut dabei. Innerhalb der wohlhabenden Nationen werden Jahr für Jahr mehr Patienten mit Depressionen, Aufmerksamkeitsschwäche und Angststörungen diagnostiziert und mit Psychopharmaka behandelt, die Zahl der Allergien und Intoleranzen steigt alarmierend an, Fettleibigkeit ist zur Armutskrankheit geworden, Essstörungen und Selbstverletzungen gehören zum Alltag zahlloser Jugendlicher, Suchtmittel von Opioiden bis zu Kokain sind längst in der bürgerlichen Mitte der Gesellschaft angekommen. Wer teilnehmen will an den materiellen Segnungen der Konsumgesellschaft, muss sich dauernd updaten, weiterbilden, neu erfinden, optimieren, muss flexibel sein und immer erreichbar, die dauernde Veränderung von Umwelt und Lebensumständen mühelos assimilieren.

Vor der ökonomischen Globalisierung waren Gesellschaften mit weniger Wohlstand und weniger individueller Freiheit relativ erfolgreich darin, die meisten ihrer Mitglieder in starke und intuitiv verständliche Identitäten und Hierarchien einzubetten – national, religiös oder in Form von Klasse oder ethnischer Herkunft. Diese Identitäten waren restriktiv und schlossen andere aus, sie waren aber relativ stabil.

In einer Marktsphäre der kreativen Disruption und der alles durchdringenden Kommodifizierung treiben Identitäten auf der Oberfläche des Zeitgeschehens. Offiziell gefeierte Werte – Pluralität, Demokratie und Menschenrechte – sind intuitiv weniger packend als ältere Kategorisierungen wie Rasse und Religion und erlauben es nicht, jemanden zu identifizieren, der tiefer steht. Wer jemand ist oder für wen sich jemand hält, wird immer stärker dadurch bestimmt, welche Konsumentscheidungen er oder sie trifft. Bei so viel Unsicherheit ist der bloße Gedanke an radikale Veränderung im Interesse der Allgemeinheit oder gar der Zukunft schon fast eine Beleidigung. Die treibenden Kräfte der Welt sind nun einmal Innovation und Produktivität, die Natur darf keine Rolle spielen, der Wirtschaft nicht die Initiative rauben, sie ist ein passives Materiallager. Fraglos ändert sich das Klima. Es ist nun einmal dynamisch, wie auch die Wirtschaft. Aber das ist alles im natürlichen Rahmen. Irgendwo muss sich der gestresste Selbstoptimierer sorglos erholen können.

Zu einer bewährten Strategie zählt, die Konsequenzen einer akzelerierenden und menschengemachten Klimakatastrophe überhaupt zu leugnen. Das tun nicht nur die Verharmloser der Katastrophe, die Wissenschaftsverweigerer und Verschwörungstheoretiker, sondern auch die Tech-Optimisten und die ewigen Propheten des Fortschritts, die mit Statistiken wedeln und demonstrieren, dass es noch nie eine so niedrige Kindersterblichkeit, eine so hohe Lebenserwartung, so wenige Kriege und so wenig Gewalt, so wenig Hunger und extreme Armut gegeben hat wie heute. Das trifft auch zu. Statistisch gesehen ist dies die beste aller gewesenen Welten. Aber hilft es, wenn man am eigenen Ast sägt und dabei bemerkt, dass der Ast bequemer ist denn je und eine bessere Aussicht bietet, wo schon so viele andere Äste gekappt worden sind? Hilft es, wenn all diese Entwicklungen einen Ressourcenverbrauch und eine Degradierung der Biosphäre voraussetzen, die schon jetzt zig Millionen von Menschen ihre Gesundheit, ihre Lebensweise, ihre Heimat und auch ihr Leben kosten und die weiter eskalieren werden?

Die optimistische Replik darauf lautet, dass Technologie, alternative Energiequellen und künstliche Intelligenz die existenziellen Probleme in den Griff kriegen werden. Tatsächlich sind die Aussichten eher apokalyptisch. Technologien, die es erlauben, die Krise ohne materielle Einschränkung zu bewältigen, gibt es noch nicht, und für eine dramatische Rettung in letzter Sekunde ist Hollywood ein besserer Ort als unser einziger Planet. Die Eiskappen der Pole schwinden rapide, der Permafrost taut auf und setzt Methan frei, Naturkatastrophen wie Waldbrände, Überschwemmungen und Dürren verheeren ganze Landstriche, und die Welt verliert die Fläche von dreißig Fußballfeldern Regenwald *pro Minute*. Heute schon wandert der sogenannte Getreidegürtel, die Zone, deren Landwirtschaft den Großteil der Menschheit ernährt, Jahr für Jahr zwanzig Kilometer weg vom Äquator. Unter diesen Umständen wäre es nicht optimistisch, sondern nachgerade wahnsinnig zu warten, bis die technologische Lösung aller Probleme gefunden wird.

Mit den heute messbaren Veränderungen in der Natur werden sich immense natürliche Zusammenhänge verschieben. Das Wetter wird sich verändern, das Klima, die Tier- und Pflanzenarten. Tropische Insekten und Viren werden jetzt schon in den gemäßigten Zonen nachgewiesen, schon jetzt trocknen Wälder aus, verbreiten sich neue Schädlinge, verschieben sich ganze Ökosysteme.

Die materiellen Veränderungen würden einen immensen Effekt auf Politik und Wirtschaft haben. Millionenfache Flucht vor den primären und sekundären Folgen der Klimakatastrophe, gewaltsame Konflikte um landwirtschaftlich nutzbares Land, um Wasser, um erträgliche Lebensbedingungen, eine radikale Verschiebung von Machtverhältnissen, Bevölkerungen, Handelsrouten, Rohstoffmonopolen, strategischen Allianzen, religiösen Bewegungen wären die Folge, und alles inmitten einer kollabierenden Natur.

Der Strudel dieser Transformation hat die Macht, alles, was in globalen Zusammenhängen als fortschrittlich und gesichert und zivilisiert betrachtet wird, mit sich zu reißen, zu zermalmen, und die Trümmer wieder auszuspucken, gleichsam als Weltbühne eines postapokalyptischen Stücks ohne Publikum. Welche Geschichte dann über die Zeit vor dem Zusammenbruch erzählt wird, hängt davon ab, welche Geschichten sich Gesellschaften heute erzählen, aus welchen Geschichten heraus sie sich selbst und die Welt um sich herum verstehen und moralisch aufladen, welche Haltungen und Handlungen sie motivieren.

DIE ALTE GESCHICHTE

Schweigen soll, wer gesprochen hat
Sprechen soll, wer Neues spricht
Nacherzählung und Weissagung
Sind verlorene Müh
Sind Lüge

CHACHEPERRESENEB, ÄGYPTEN,
UM 1800 VOR CHRISTUS

Die eskalierende Ausbeutung und Verpestung der Welt ist das
gegenwärtige Äquivalent zu den Hexenverbrennungen des
17. Jahrhunderts: Es ist der hilflose Aktivismus einer Zivilisation, die keine Alternative sieht, die sich im Recht weiß, die auf
vergangene Erfolge zeigt, um gegenwärtiges Handeln zu rechtfertigen, die sich selbst immer wieder dieselben, alten Geschichten erzählt.

Diese alten Geschichten gehen ironischerweise zurück auf
die Kleine Eiszeit. Die Krise der Landwirtschaft und die daraus
resultierenden politischen Krisen führten zu einer Stärkung
von Märkten und internationalem Handel und zum Ausbau
der Infrastruktur. Erfolgreich und international angesehen
war ein Staat im 17. Jahrhundert aber nur, wenn er militärisch
mächtig war und Kriege führen konnte. Die Ökonomen jener

Zeit formulierten dazu eine Theorie, die neu war: Wirtschaft braucht Wachstum, und um das zu erzielen, müssen natürliche und menschliche Ressourcen maximal ausgebeutet werden. Nur so kam der König zu genug Gold, um seine Feinde zu schlagen.

Das ist der Anfang der Geschichte, die sich die reichen Nationen dieser Welt nach wie vor erzählen: Wirtschaftswachstum, das auf Ausbeutung beruht, war damals und ist heute der Grundgedanke eines ökonomischen Modells, das von Anfang an expansiv war. Über die Jahrhunderte bedeutete das die Vergewaltigung ganzer Gesellschaften auf anderen Kontinenten und eine immer rücksichtslosere Ausbeutung der Natur; im Unterschied zu heute verursachte das aber keine Naturkatastrophen. Der Grund dafür liegt nicht in der Weisheit alter Traditionen. Macht hat immer verführt, Gier und Dummheit wurden seit jeher als endemische Plagen der Gesellschaft bezeichnet. Auch die Industrie war immer schmutzig: Römische Bergwerke verseuchten Flüsse, südamerikanische Kulturen rodeten Wälder, bis die Bodenerosion ihre Landwirtschaft zusammenbrechen ließ, mittelalterliche Kohlenmeiler und Gerbereien waren immens dreckig und produzierten giftigen Rauch.

Dass so viel zerstörerisches Potenzial sich nicht früher entladen hat, ist nur eine Frage der technologischen Reichweite. Bei einer Industrie, die hauptsächlich von Muskelkraft, Windmühlen und Wasserrädern angetrieben wurde, waren die negativen Effekte lokal begrenzt. Auch ein Imperium konnte sich nicht weiter ausbreiten, als es die Trägheit seiner Kommunikationsmittel und Nachschubrouten erlaubte, auch eine menschengemachte Umweltkatastrophe war notwendigerweise begrenzt. Das Gleichgewicht der Kräfte lag offensichtlich aufseiten der Natur. Lediglich ein Vulkanausbruch konnte die Kreisläufe auf dem gesamten Globus vorübergehend aus dem Lot bringen.

Dann kam die Dampfmaschine und mit ihr die Kohle und die industrielle Revolution. Und dann das Öl, unendlich viel Öl. In seinem brillanten Buch *The Uninhabitable Earth* skizziert David Wallace-Wells den technologischen Fortschritt wie folgt: »Die ganze Geschichte des rapiden ökonomischen Wachstums, das mit einiger Plötzlichkeit während des 18. Jahrhunderts begann, ist nicht das Resultat von Innovation oder Handel oder der Dynamik der freien Märkte, sondern einfach unsere Entdeckung von fossilen Brennstoffen und ihre rohe Macht.«

So kam die Menschheit dazu, abgestorbenes Tier- und Pflanzenmaterial, das sich über Jahrmillionen unter der Erdoberfläche komprimiert und konzentriert hatte, innerhalb von zwei Jahrhunderten und zur Hälfte überhaupt nur innerhalb von fünfzig Jahren in die Atmosphäre zurückzupumpen. Dieser Energieschub ermöglichte es, die Produktivität und die technologische Entwicklung so stark und so rasch zu steigern und auszudehnen, dass sie einerseits viele der zivilisatorischen Errungenschaften erst ermöglichten — und andererseits immer mörderischer wurden.

An diesem Punkt gerät unsere Spezies in die Geschwindigkeitsfalle. Homo sapiens hatte noch keine Chance, sich evolutionär an seine neuen Möglichkeiten, seine neue Macht, sein neues Wissen und seine extreme Verletzlichkeit zu anzupassen. Auch im 21. Jahrhundert handeln Menschen aufgrund von Reflexen, die seit der Bronzezeit unverändert geblieben sind. Sie aber sind der gegenwärtigen Situation nicht mehr angemessen.

Beschleunigung
und ihre Nebenwirkungen

Es ist erstaunlich, wie sehr die historische Erfahrung von Homo sapiens davon bestimmt ist, dass alles immer schneller geht – vor allen Dingen, wenn man bedenkt, dass menschliche Bedürfnisse, Erwartungen und emotionale Strukturen durch eine über mehr als hunderttausend Jahre ähnliche evolutionäre Erfahrung geformt wurden: enge, über große Territorien ziehende Gruppen von dreißig bis vierzig meist miteinander verwandten Individuen, die als Jäger und Sammler um ihr Überleben kämpften, sich absolut aufeinander verlassen konnten.

Während Forscher noch darüber rätseln, wie determinierend oder überschreibbar diese evolutionäre Prägung ist, zweifelt kaum jemand daran, dass die Erfahrungsmuster von Jahrhunderttausenden in irgendeiner Weise auch moderne Menschen beeinflussen. Diese evolutionäre Erfahrung allerdings entspricht immer weniger der gelebten Wirklichkeit derjenigen Menschen, die westliche industrialisierte Gesellschaften bevölkern.

Es gibt seit etwa zehntausend Generationen, seit etwa dreihunderttausend Jahren anatomisch moderne Menschen. Vor dreitausend Generationen verließen die ersten Gruppen von Menschen Afrika. Vor nur dreihundert Generationen wurden einige von ihnen nachweisbar zum ersten Mal sesshaft und formten komplexe Gesellschaften, indem sie sich symbolische Geschichten – die alten Religionen – über sich selbst erzählten. Erst hundert Generationen ist es her, dass die Römer die damals bekannte westliche Welt beherrschten und die Flotte des Kaisers von China Afrika erreichte.

Dann beschleunigen sich die Dinge. Zehn Generationen

sind seit den Anfängen der industriellen Revolution, der Aufklärung, der wissenschaftlichen Methode und der Französischen Revolution vergangen; drei Generationen sind verflossen, seit die ersten Glühbirnen in Privathäusern brannten, und kaum mehr, seit in den USA die ersten kommerziellen Ölquellen erschlossen und Autos mit Verbrennungsmotoren industriell produziert wurden. Vor zwei Generationen wurde die Erdölförderung massiv erhöht, die Petrochemie ausgebaut und die Pille erfunden; vor nur einer Generation begannen Computer auch von Privatleuten genutzt zu werden. Das Internet, das Smartphone, die Liberalisierung der globalen Wirtschaft, liberale Demokratien, der massive Anstieg der Weltbevölkerung und der rasante Anstieg von CO_2 in der Atmosphäre sind Phänomene im Wesentlichen der letzten drei bis sechs Jahrzehnte.

Diese Beschleunigung und die Transformation von sozialen Zusammenhängen, von Lebensentwürfen und Menschenbildern sind nur schwer zu fassen, und werden auch deswegen oft überblendet, weil das Menschenbild der Marktgesellschaft auf der Idee der unendlichen Flexibilität des Menschen aufbaut, auch wenn diese weder anthropologisch noch neurologisch belegbar ist. Im Gegenteil: Mit dem Bröckeln der liberalen Ordnung und ihrer Kernideen verfallen selbst liberale Gesellschaften immer stärker den Narrativen der *take back control,* des ewigen Volkstums, der schützenden Mauer. Angesichts der radikalen Verunsicherung ist es verständlich, dass ein hoher Bedarf an stabilen Erzählungen besteht, die inmitten dieses Chaos Orientierung bieten.

Der indische Historiker Pankaj Mishra argumentiert, dass es keine Aktion ohne Reaktion geben kann, und dass die immense und atemberaubend rasche Transformation der westlichen Gesellschaften mit erhöhter und manchmal extremer und kollektiver Gewalt bezahlt wurde. Die beiden Weltkriege sind offensichtliche Kandidaten für diese Erklärung, aber Mishra geht einen Schritt weiter. Das westliche Modell war auch deswegen so erfolgreich, schreibt er, weil diese Länder lernten, die Gewalt, die aus ihrer Transformation resultierte, zu exportieren.

Nach der politischen Dekolonisierung drückte sich die »schöpferische Zerstörung« sozialer Strukturen im Westen (wie der Ökonom Joseph Schumpeter das nannte) und seine Priorität, sich durch Rohstoffe Wohlstand zu sichern, in Form von Kriegen von Vietnam bis nach Afghanistan, von Sklaverei und massiver Umweltzerstörung, von Hunger und der Unterstützung von Diktaturen aus.

So gelang es den Ländern des Westens nicht nur, durch Wachstum und Ausbeutung ihre eigene Machtposition zu behaupten – sie konnten auch darauf verweisen, dass ihr politisches und wirtschaftliches Handeln sie nicht nur reich machte, sondern offensichtlich auch sicher, friedlich, demokratisch, zivilisiert, besser. Sie konnten Staaten, die es noch nicht zu einer gültigen liberalen Demokratie mit freien Märkten und Menschenrechten gebracht hatten, mit der Herablassung derer begegnen, die wissen, dass sie auf der richtigen Seite geboren wurden – *the coincidence of being right*.

Das, so Mishra, ist Geschichte mit Scheuklappen, die Perspektive des ganz von seiner eigenen Größe durchdrungenen 19. Jahrhunderts. Bevor Europa zum Immigrationsziel wurde, war dieser Kontinent der Weltmeister der Emigration, der weltgrößte Exporteur von Menschen, häufig von armen, ungebildeten und gewaltbereiten jungen Männern. Inzwischen exportiert er nicht seine Einwohner, sondern, abgesehen von seinen liberalen und demokratischen Idealen, auch seine Wirtschaftsinteressen, seine Technologien, seine Waffen, sein Geld, seinen Müll, während gleichzeitig alles unternommen wird, um die drohende »Menschenflut« draußen zu halten.

Die Beschleunigung des historischen Erlebens und die damit einhergehende Gewalt verzahnen sich mit der alten Geschichte von Wirtschaftswachstum und Ausbeutung. Sie haben lange prächtig funktioniert. Wie ein Süchtiger, der glaubt, seine Sucht unter Kontrolle zu haben, aber längst zum Sklaven seiner Droge geworden ist, hängt die sogenannte zivilisierte Welt am Erdöl. Mittlerweile ist die technologische Reichweite der Spezies Homo sapiens so explosiv gewachsen, dass sie zur existenziellen Bedrohung wird. Die alten Geschichten von Kampf und Herrschaft werden zum Hindernis, zur Quelle einer anachronistischen Selbstüberschätzung, die in der Bronzezeit wichtig gewesen sein mag, sich aber inzwischen gegen ihre Erzähler gekehrt hat.

Die großen, mythischen Erzählungen beschreiben die Menschheit sozusagen vor ihrer Selbstermächtigung, als sie sich schwach und ausgeliefert fühlte. Prometheus brachte das Feuer auf die Erde, wurde dafür aber bestraft; irgendwie gehen die Legenden von Prometheus und von Pandora immer Hand in Hand. Was einmal entfesselt wurde, kann nicht mehr zurückgerufen werden.

Identität im Freigehege

Ein Krieg gegen die Zukunft, der in der westlichen Welt kaum bemerkt wird: Vielleicht hat die Schlussfolgerung meines Freundes etwas damit zu tun, dass viele Menschen in reichen Ländern gewissermaßen an der Heimatfront leben, weit weg von den Schlachtfeldern und den Schauplätzen der täglichen Gewalt an der Peripherie. Man lebt in Sicherheit, hinter hohen Mauern, in einem künstlichen Idyll, idealerweise pendelnd zwischen *gated community, central business district* und *shopping mall,* alles klimatisiert und von der Garage aus betretbar.

Tatsächlich scheinen moderne Menschen weniger in freier Wildbahn zu leben als in einem Zoo. Ihre Umgebung ähnelt der ihrer Vorfahren, ist aber lediglich eine Attrappe, eine in die Wirklichkeit übertragene Version des papierenen Wilden Westens. Umgeben von künstlichen Felsen, sorgfältig kuratierten Pflanzen und eingehegt von hohen Zäunen lebt Homo sapiens occidentalis in seinem Freigehege, verfettet und gelangweilt. Er weiß, dass er für repetitive und sinnlose Handlungen belohnt wird, indem er regelmäßig zu fressen bekommt, vor Angreifern beschützt und medizinisch versorgt wird. Manchmal setzt die Verwaltung sogar ein paarungswilliges Weibchen ins Gehege. Natürliche Feinde hat er nicht, nur er selbst kann sich gefährlich werden.

Es kostet viel Energie, diesen Zoo zu unterhalten. Er besteht nur noch auf Pump, von Ressourcen, die er sich von denen nimmt, die noch nicht geboren sind, noch nicht nein sagen können, von denen, die zu schwach sind, die nicht zählen. Die Zoobewohner aber sehen keine Alternative zu dem Leben, das sie führen. Wie der Panther in Rainer Maria Rilkes Gedicht gehen die Zootiere aus Gewohnheit an ihren Gitterstäben auf und ab – »Ihm ist, als ob es tausend Stäbe gäbe/und hinter tausend Stäben keine Welt«. Sie sind verunsichert, leben in einer Umgebung, auf die sie nichts in ihrer evolutionären Erfahrung vorbereitet hat, lenken sich mit Spielzeug ab, das die Zooleitung ihnen ins Gehege gelegt hat, abends mit Beleuchtung.

Ihr Futter wird von weit herbeigeschafft, und da sitzen sie und kauen, weil es sonst nicht viel zu tun gibt. So ist die Welt. Aggressiv werden sie nur, wenn ihnen jemand ihre tägliche Ration oder ihr Spielzeug streitig machen will. Dann entlädt sich die frustrierte Energie eines Wesens, das noch Wildheit in sich hat. Dabei verändert sich die Welt trotz allem mit alarmierender Geschwindigkeit, und das, was im Zoo normal ist, ist draußen längst eine zynische Fiktion.

Später einmal (wenn es denn ein Später gibt) wird man diese Art des luxuriösen Existierens als extremes Beispiel der menschlichen Hybris betrachten. Vielleicht, ein reizvoller Gedanke, wird es der entscheidende Grund dafür sein, warum künstliche Intelligenzen in einer nicht zu fernen Zukunft beschließen, das Experiment Mensch herunterzufahren, weil seine gefährlich gewachsene technologische Reichweite sein eigenes Verständnis so dramatisch in den Schatten stellte, dass er sich verhielt wie ein trotziger Dreijähriger mit einer entsicherten Kalaschnikow.

NARZISSTISCHE KRÄNKUNG
DREI

Nicht Herr im eigenen Haus

Sigmund Freud beschrieb 1917 die Kränkungen der Menschheit, nicht im Mittelpunkt der Welt zu stehen, Teil des Tierreichs zu sein, und noch dazu, so schloss er aus seiner eigenen Arbeit, nicht »Herr im eigenen Haus« zu sein. Humanistische Gymnasien und aufgeklärte Philosophen konnten den Menschen als aufgeklärte Vernunftwesen feiern, so lange sie wollten. Der Arzt und Denker Freud glaubte zu verstehen, dass diese Ansicht auf einer frommen Illusion fußte.

Was Individuen als sinnvolle, freie Entscheidungen oder sinnlose Zwangshandlungen wahrnahmen, war nur die trügerisch funkelnde Oberfläche eines Gewässers, dessen Tiefenströmungen und tief verankerten, frustrierten und verdrängten Triebe und Erinnerungen die eigentliche Lebensrichtung vorgaben, ungesehen und unverstanden, unaufhaltbar. Wie vernünftig, wie frei kann eine Handlung sein, wenn sie nur von der Oberfläche her beurteilt werden kann?

KAPITEL
DREI

DIE PNEUMATISCHE PUMPE ODER:
DIE BLINDHEIT

Die große *Encyclopédie* von Diderot und d'Alembert (veröffentlicht 1751 bis 1772 in Paris) ist ein epochales Werk, ein immens detailliertes Abbild der Welt um die Mitte des 18. Jahrhunderts und ein philosophisches Manifest, das immer wieder, soweit es die Zensur erlaubte, für eine rationale, produktive, demokratische Ordnung eintrat. In siebzehn Bänden Text und elf Bänden mit Illustrationen beschrieb sie die damalige Realität bis in die kleinsten bekannten oder spekulativen Einzelheiten.

Der Artikel *Pompe à feu,* Feuerpumpe, ist einer von vielen, die mechanische Apparate so exakt beschreiben, dass man sie nachbauen kann. Jeder einzelne Teil des Mechanismus wird erklärt und mit Referenzbuchstaben versehen, die sich in den Illustrationen wiederfinden lassen. Feuerpumpen, auch pneumatische Maschinen genannt, wurden in einigen Bergwerken eingesetzt, um das Grundwasser herauszupumpen. Sie erwiesen sich als bemerkenswert effektiv und konnten die Arbeit mehrerer Männer verrichten. Die Autoren der *Encyclopédie,* darunter Diderot selbst, lobten die Erfindung, die ganz ihren Idealen von Effizienz und Wissenschaftlichkeit entsprach.

Was die Autoren aber besonders daran interessierte, war ein

philosophisches Problem. Schon ein Jahrhundert zuvor hatte der Philosoph René Descartes einen strikten Dualismus zwischen Geist und Materie postuliert, eine Umformulierung der christlichen Unterscheidung zwischen Körper und Seele. Tiere waren nach seiner Theorie nichts als biologische Maschinen, ohne Gefühle, ohne Selbstbewusstsein, blind funktionierende Mechanismen, die Luft und Energie aufnahmen, um Wärme und Bewegung zu produzierten und sich fortzupflanzen.

Die Enzyklopädisten konnten dieser Versuchung nicht widerstehen. Wenn diese Maschine ebenfalls durch Wärme das Auf und Ab der Kolbenpumpe produzierte und sich ganz selbständig zu bewegen schien – war sie dann nicht im Sinne Descartes' ein Tier? Gerade Diderot hatte sich lange am cartesianischen Dualismus gestört. Er selbst vertrat die Ansicht, dass die gesamte Welt aus nichts als Atomen bestand, die sich auf unterschiedliche Weise miteinander verbanden. Ein Geist, der eine eigene Substanz bildete und letztlich zu Gott gehörte, war dem Atheisten Diderot nicht nur suspekt, er war absurd, so absurd wie eine Maschine, die eigentlich ein Tier war.

Was die Autoren dieses großen Werkes vor sich sahen und detailliertest beschrieben, war ein Apparat, der mittels Wasserdampf und eines Kolbens thermische in kinetische Energie umwandeln konnte, also Wärme in Bewegung. Die Wärme entstand in einem Kessel, der mit Wasser gefüllt war, von unten beheizt wurde und Dampf in einen Zylinder presste, wo ein Ventil sich öffnete und die Luft abkühlte und so zusammenzog, wodurch der Kolben, der darin angebracht war, nach unten gezogen wurde, um gleich danach wieder von einem neuen Schwall Wasserdampf nach oben gestoßen zu werden. Dieser Kolben trieb die Pumpe an, die das Wasser aus dem Bergwerk pumpte. Was sie da sahen, war die Dampfmaschine.

Innerhalb eines Menschenlebens sollte diese Erfindung die gesamte westliche Welt revolutionieren, die Industrialisierung, die Massenproduktion, die Revolution der fossilen Brennstoffe, die Verstädterung Europas, eine neue Ära der globalen Macht ermöglichen. Und doch beschrieben die besten wissenschaftlichen Köpfe ihrer Zeit, die allen Neuerungen und allem Fortschritt gegenüber mehr als aufgeschlossen waren, diese Apparatur als nützlich, aber extrem begrenzt in der Anwendung, eher ein amüsantes philosophisches Problem als eine Schlüsseltechnologie.

Die Autoren sahen nicht das Potenzial von dem, was sie da vor sich hatten, und sie konnten es vielleicht nicht sehen, denn sie hatten für die Welt, die kommen würde, noch nicht die richtigen Bilder im Kopf, noch nicht die Sprache, um sie zu beschreiben und in ihren Möglichkeiten zu erkennen. Sie starrten auf diesen Apparat, dessen einzelne Teile nur etwas anders arrangiert werden mussten, aber sie waren blind für die Möglichkeit einer so raschen und so riesigen Transformation wie der Industrialisierung.

Zwei Fragen ergeben sich aus diesem historischen Detail im Hinblick auf heute: Was ist die Dampfmaschine der Gegenwart? Und: Was sagt diese selektive und natürliche Blindheit über das Denken der Aufklärung in der Gegenwart?

FLÜSSIGE MODERNE

Die Gerechtigkeit ist hinausgeworfen
Das Unrecht sitzt im Ratssaal
Die Feindseligkeit wird auch morgen
nicht vergangen sein
Niemand ist frei von Verbrechen
Alle begehen es

Und alle Welt schweigt darüber
Ich will darüber reden.

CHACHERPERRESENEB, ÄGYPTEN,
UM 1800 VOR CHRISTUS

Das Erkennen von Strukturen und Potenzialen wird schwieri-
ger in einer Zeit, in der Wahrheit, Fakten, Institutionen, Ideen
und Bündnisse zusehends verschwimmen und zerlaufen. Der
in Prag geborene, 1991 bei einem Autounfall ums Leben gekommene Philosoph Vilém Flusser beschrieb die Welt aus Sicht
einer zunehmend medialisierten Öffentlichkeit als eine glän-
zende Oberfläche aus Information und Entertainment, hinter
der die eigentliche Substanz immer weniger wichtig ist, wie
die Fettaugen, die auf einer Brühe schwimmen und immer neu
ineinanderfließen, immer neue Konstellationen und Effekte

produzierend, die endlos kommentiert und neu interpretiert werden können, während die eigentlich nahrhafte Brühe unter dieser spektakulären Oberfläche fast ganz verschwunden ist. Die Gegenwart erscheint als eine dauernd sich verändernde Oberfläche, glatt und ohne Widerstand, eine Geschichte vom tiefelosen Leben.

Flussers so exzentrische wie vorausschauende Medienkritik beschrieb eine Welt, in der alle Bedeutung sich zu schillernden Fettaugen aufgelöst hat, Wahrheiten, die nebeneinander schwimmen und sich unverhofft miteinander vereinigen oder voneinander abspalten, in einem Tanz, dessen stetige Dynamik die einzige Sicherheit darstellt. Das beschreibt nicht nur den Zustand von Gesellschaften, denen alle verbindenden und verbindlichen Wahrheiten abhandenkommen. Nichts ist stabil im allesfressenden Markt.

Das Bild der amöbengleichen Gestaltlosigkeit ist ungeheuer treffend, aber es beschränkt sich auf den Anschein auf der allmächtigen Oberfläche.

Während aber politische und gesellschaftliche Debatten durch einen Kollaps der Begriffe und der Referenzpunkte gelähmt werden, herrscht dahinter kein gleichgültig strudelnder Stillstand, sondern eine immense, zerstörerische Strömung, die alle Sicherheiten mit sich reißt. Dies ist nicht das »Alles fließt« von Heraklit, und es ist auch kein Suppenteller, es ist dauernde, destruktive Eskalation. Diese Logik der Eskalation hat sich so weit in die Gesellschaften der Welt eingeätzt, dass sie bestehende Strukturen, Institutionen und Identitäten entweder kommodifiziert oder auflöst, immer auf der Suche nach dem nächsten Score.

Die Auflösung, das Verschwimmen sozialer Kategorien und lokaler Strukturen in einen globalen, zentrumslosen Kontext, ist zum Kennzeichen einer Zeit geworden, der die Dynamik der Eskalation längst entglitten ist.

So rinnt die Gestalt des 21. Jahrhunderts seinen Beobachtern durch die Finger, ungreifbar, fließend. Auch der polnisch-britische Soziologe Zygmunt Bauman wählte ein Bild von Wellen und Strudeln, um die Gegenwart zu beschreiben. Er skizziert die digitale, globalisierte und marktbeherrschte Ära als *liquid modernity* (flüssige Moderne), ein wunderbar treffender Begriff für eine Epoche, in welcher der globale Fluss von Kapital, Waren, Menschen, Erderhitzung, Terrorismus, Informationen und Propaganda kaum zu kontrollieren ist, über alle Mauern quillt und alle Deiche überspült, in der die Souveränität von Staaten und anderen Kollektiven zur reinen populistischen Illusion geworden ist.

Diese flüssige, alles Fixe unterspülende, alles gewachsene mit sich reißende Bewegung kennt kein Ziel, keinen Endpunkt, sondern nur Strömung und Steigerung. Jetzt stößt diese Energie an ihre Grenzen, denn die Menschheit hat, wie Bruno Latour beobachtete, einfach nicht genug Erde für so viel Fortschritt. Es würde die Ressourcen von drei oder vier Planeten verbrauchen, um allen Menschen ein Leben nach gegenwärtigen westlichen Standards zu ermöglichen.

Gibt es tatsächlich belastbare Alternativen zu dieser Welt der überquellenden Exzesse? Lassen sie sich schaffen, ja lassen sie sich überhaupt erst einmal denken, ohne in die mörderische Naivität der aufgeklärten Utopisten zurückzufallen? Und ist es überhaupt möglich, außerhalb der eingefahrenen Logik, der eingegrabenen Spuren zu denken?

Es ist schwer, im Überfluss über Eindämmung nachzudenken, eben weil es der Logik einer Zeit nicht entspricht, die immer weitere Steigerung sucht. Märkte und Technologien tendieren dazu, diese Logik des Exzesses zu unterstützen, und so ist es notwendig, außerhalb dieser Logik über das Verhältnis zwischen Homo sapiens und dem Rest der Natur nachzudenken. Im Idealfall ginge es darum, andere Bedürfnisse, andere Ziele und ein anderes Konzept von diesem Verhältnis zu entwickeln.

Diderots Aotourou hatte keine Hoffnung, seinen Leuten eine qualitativ andere Wirklichkeit begreiflich machen zu können, aber tatsächlich ist es im Lauf der Geschichte immer wieder möglich gewesen, und es haben sich immer wieder intellektuelle und philosophische Revolutionen ereignet, die es möglich machten, eine Welt zu denken, deren Prinzipien anders waren als die der eigenen Gegenwart.

Auch die industrielle Zivilisation schuf Potenziale, die sie erst allmählich verstehen und nutzen lernte, zuerst nach dem Bild ihrer Gegenwart. Die ersten Autos, die mit Verbrennungsmotoren fuhren, waren dem Entwurf nach pferdelose Kutschen. Ihr Gespann war ihnen gewissermaßen abhandengekommen, mitsamt der Deichsel, eher eine Nachlässigkeit als ein Schönheitsfaktor. Der Sprung zu einem autonomen Gefährt, dessen Design den mechanischen Möglichkeiten und den Bedürfnissen der Benutzer Rechnung trug, dauerte eine Generation.

Wenn schon Ingenieure von der Vergangenheit her dachten, war es auch bei den Wissenschaftlern nicht anders. Gegen Ende des 19. Jahrhunderts galt die Physik als ein Wissensgebäude, das bis auf einige Detailfragen vollkommen erklärt und abgeschlossen war. Auf der fundamentalen Ebene gab es nichts mehr zu erforschen, hörten Studenten in ihren Einführungsvorlesungen. Newtons Theorie und Welt waren beschrieben und berechnet worden, gewisse unerklärte Effekte und Widersprüche waren getrost zu vernachlässigen, es gab in der Physik nach Ansicht ihrer wichtigsten Exponenten nichts Grundlegendes mehr zu finden.

Dann kam Einstein. Dann kam eine neue Perspektive auf die Welt, die völlig andere Möglichkeiten sah, diese scheinbar unwichtigen Widersprüche zu erklären. Und dann kamen Heisenberg und andere, die eine unbekannte, unvorstellbare Welt eröffneten, von der Kosmologie bis zur Halbleiterphysik.

Von industriellen Produkten bis hin zu wissenschaftlichen Theorien fällt es schwer, Alternativen wirklich zu denken und so zu ermöglichen, besonders wenn das, was bereits existiert – die Kutsche, die Newton'sche Physik –, so glatt zu funktionieren scheint. Technologien und Projektionen richten sich die Welt ein, schaffen ihre eigene Realität und machen es fast unmöglich, Alternativen ernst zu nehmen. Ihr Vokabular ist nicht dazu geeignet, eine andere Art von Leben darzustellen – so wenig wie Diderots Besucher aus Tahiti die Wirklichkeit Europas vor seinen Leuten in seiner Sprache beschreiben konnte.

Vielleicht hätte Aotourou seinen Leuten ein Märchen über Paris erzählen sollen, eine dramatische Geschichte mit Helden und Schurken, ein Schattenreich an Möglichkeiten, die in den Köpfen zu Bildern werden können. Auch die Aufklärung selbst fand Halt und Unterstützung in der Bevölkerung nicht nur über philosophische Traktate, sondern besonders durch Romane und Theaterstücke, durch eine spannende Projektion von Schatten.

Solche dramatischen Geschichten haben Haltungen und Handlungen beeinflusst und ausgedrückt, und sie haben sie stark geändert. Während der Kleinen Eiszeit kam die bestehende Ordnung in Europa massiv unter Druck, aber am Anfang der Periode gab es noch keine sinnvollen Antworten darauf. Die religiöse Reaktion schwankte zwischen Bußpredigten und Hexenverbrennungen, aber auch Dramatiker sahen noch keinen Ausweg aus der Übermacht der herrschenden Verhältnisse.

William Shakespeare ahnte, dass er in einer Zeit des Umbruchs lebte, und griff für Bilder in seinen Dramen immer wieder auf die frostigen Verhältnisse zurück (»*this is the winter of our discontent*«), aber die Stücke selbst beschreiben eine Weltsicht, die sich seit der griechischen Tragödie nicht wesentlich verändert hatte. Seine Protagonisten sind im Konflikt mit der unverrückbaren Ordnung der Welt, weil ihr Begehren, ihr Hochmut, ihre Gier, ihre Liebe sie auf Kollisionskurs damit bringen.

Sie alle müssen scheitern, weil die Ordnung der Welt ehern und unumstößlich ist, das ist das Wesen der Tragödie. Es kann weder für Romeo noch für Julia Rettung geben, auch nicht für Othello oder König Lear. Ihre Natur und ihre Leidenschaft verdammen sie zum Untergang. Ähnliches ist wahr für andere Exponenten des Theaters im 17. Jahrhundert, seien es Jean Racine oder Corneille in Frankreich oder der fromme Spanier Pedro Calderón de la Barca.

Nach den Wirren der Kleinen Eiszeit, dem Aufstieg der urbanen Mittelschichten und den Debatten der Aufklärung entstand eine ganz andere Art von bürgerlichem Theater, ein Echo der französischen Debatten über Menschenrechte und politische Freiheitsträume, für das bereits andere Ideen denkbar und dramatisch interessant waren.

Fast zweihundert Jahre nach Shakespeare zerbrechen Friedrich Schillers Helden zwar auch tragisch an der Macht der Verhältnisse, aber sie wollen die Welt verändern, sie rebellieren nicht gegen ihr persönliches Unglück, sondern gegen die Ungerechtigkeit der herrschenden Ordnung, sie fordern Freiheit, Gleichheit, Brüderlichkeit für alle, und obwohl sie sich selbst dafür opfern müssen, sind sie doch deutliche Vorboten einer neuen Zeit. Sie beginnen eine neue Geschichte zu erzählen und zu dramatisieren, neue Arten des Zusammenlebens und des Nachdenkens möglich zu machen.

Erst wenn sie dramatisiert werden, wenn sie Teil eines leidenschaftlichen Kampfes werden, wenn sie einprägsame Bilder schaffen, können Ideen zu Geschichten werden, die Haltungen und Handlungen schaffen, Helden und Schurken designieren. Es bedurfte mindestens einer Generation von hitzigen intellektuellen Gefechten, die in einer blutigen Revolution mündeten, bis Demokratie wirklich denkbar geworden war.

Auch die Konstruktion einer Demokratie, argumentiert Bruno Latour, wurde erst möglich, nachdem sie ihren Auftritt auf der imaginären Bühne gehabt hatte: »Die Arbeit, die Figuren, die in der Demokratie auftreten, zu erfinden – den Begriff des Bürgers, den Begriff des Volkes, den Begriff der sozialen Frage, den Begriff der Klasse –, das sind die Erfindungen vieler, vieler unterschiedlicher Leute, unter denen Schriftsteller so wichtig sind wie Statistiker und Geographen und natürlich die politischen Erfinder, die politischen Philosophen.«

Die Revolution und die Demokratie wären nicht möglich gewesen ohne Debatten und Romane, Tragödien und Flugblätter über Freiheit, Gleichheit und Brüderlichkeit, über republikanische Tugenden und politische Klassen, über Gerechtigkeit und Menschenrechte.

Dies ist nicht so trivial, wie es scheint, denn diese Debatte resultiert aus einem fundamentalen Umdenken über die Frage, was es bedeutet, ein Mensch zu sein. Für viele Menschen im Westen sind Menschenrechte heute ein unerschütterlicher Grundsatz. Das ist ein spätes Stadium in einem langen kollektiven Denkprozess, der sich auf der Bühne der öffentlichen Meinung immer mehr behauptete. Die meisten dieser Ideen wurden bis weit ins 18. Jahrhundert hinein als nicht respektabel und sogar als gefährlich angesehen. Jeder Christenmensch im vormodernen Europa wusste, dass ein Mann mehr wert war als eine Frau, ein Junge mehr als ein Mädchen, ein Herr mehr als ein Knecht, ein Christ mehr als ein Heide.

Die Idee der Gleichheit und der Menschenrechte im Repertoire des Vorstellbaren zu verankern war ein großes und gelegentlich tödliches Wagnis, aber ohne diese neue Geschichte, die sich Menschen über sich selbst zu erzählen begannen, wäre nicht nur die Revolution unmöglich gewesen, sondern auch die Demokratie. Umso beunruhigender ist es, dass nicht nur die Realität, sondern immer stärker das Ideal der Menschenrechte angegriffen wird. Ethnopluralismus, wirtschaftliche Ungleichheit, soziale Ausgrenzung, Propaganda gegen Sündenböcke und das gezielte Schüren von Angst führen immer mehr dazu, dass universelle Menschenrechte sowohl de facto als auch de jure ausgesetzt werden. Wenn aber eine Unterscheidung möglich wird, dann werden alle Unterscheidungen möglich, wenn Menschenrechte nicht universell sind, sind sie willkürlich.

Die schönste Geschichte, die sich die Menschheit je erzählt hat, ist auf dem Weg, im Archiv der gescheiterten Experimente abgeheftet und weggeräumt zu werden. Was fest war, verflüssigt sich, Neues wird möglich, alles steht auf dem Spiel.

NARZISSTISCHE KRÄNKUNG
VIER

Mauerblümchen

Es war nur ein Fleck auf einem Foto. Er erschien auf einem Bild, das der Astronom Edwin Hubble 1923 von einem Ausschnitt des Nachthimmels machte. Es war ein folgenreicher Fleck. Er zeigte zum ersten Mal eine ferne Galaxie und bewies damit, dass die Milchstraße nicht allein ist im Universum, nicht dessen Mittelpunkt. Tatsächlich ist sie weder groß noch besonders bemerkenswert, einer von zahllosen Sternhaufen, die in einem kalten und unendlichen Universum ihren Existenzyklus durchlaufen. Dieses Universum ist nicht einmal denkbar, nur berechenbar, es sprengt die menschliche Vorstellungskraft.

Homo sapiens, einst stolzes Zentrum der Schöpfung, wird endgültig zum kosmischen Waisenkind auf einem winzigen Felsbrocken in der ewigen Leere des Alls.

KAPITEL VIER

ENDARKENMENT

Ist das Ideal des kosmopolitischen Zusammenlebens an der menschlichen Natur, der Realität der Globalisierung und der defensiven Reaktion darauf gescheitert? Hat die Aufklärung versagt? Ist die einzig konsequente Antwort, à la Rousseau in die Wälder zu fliehen und eine Republik der Tugend zu gründen, in der ein weiser Gesetzgeber notfalls mit Gewalt das Gute verwirklicht, oder das, was er und die Seinen als das Gute sehen? Ist es unrealistisch und dumm, angesichts von globaler Migration, sozialen Netzwerken und der wütenden Identitätspolitk auf ausreichend viel Gemeinsamkeit in Vielfalt zu hoffen? Kommt nach dem *Enlightenment* das *Endarkenment*?

Je stärker Kollektive von innen und von außen unter Druck geraten, desto größer ist die Wahrscheinlichkeit, dass Angst und Aggressionen wachsen, Identitäten sich verengen, dass noch stärker längst unwahr gewordene Geschichten über historische Kämpfe und Überlegenheit erzählt werden.

Gemäß dieser Logik werden Feinde identifiziert, Sündenböcke gesucht, Opfer geschlachtet. Irgendwen gibt es immer, auf den auch die Elendesten noch hinabsehen und -treten können. Von Russland über Ungarn bis auf die Philippinen und von China bis Brasilien und die USA wird der Universalismus für tot erklärt, werden Menschenrechte eingeengt oder ganz außer Kraft gesetzt, Bürgerrechte eingeschränkt, Freiheiten begrenzt oder ausgehöhlt, die Agonie des einstmals so fortschrittlichen demokratischen Modells der Nachkriegszeit.

Die Aufklärung argumentierte für diese Rechte, aber aus der Perspektive der Aufklärung lässt sich das Rasen der globalisierten, flüssig gewordenen Moderne nicht verstehen, weil die Aufklärer nicht über eine graduelle Entwicklung ihrer Gesellschaften hinausdenken konnten. Heißt das, dass die Aufklärung gescheitert ist, einer von vielen Irrwegen der Geschichte, die zahllose Opfer fordert, bevor sie in sich zusammenbricht oder begraben wird?

Oder ist das Gegenteil der Fall? Möglicherweise ist die Aufklärung im Lauf ihrer Geschichte hinter ihren eigenen Anspruch zurückgefallen, gerade weil sie nicht weit genug dachte – und aus dem Horizont ihrer Zeitgenossen heraus gar nicht so weit denken konnte, weil das Ausmaß der Transformation durch die industrielle Revolution nicht absehbar war, siehe Diderots Dampfmaschine. Der Grundgedanke der Aufklärung war oppositionell und darauf gerichtet, ein neues Menschenbild konkret in Kultur, Wissenschaft und Politik zu übersetzen. Universelle Menschenrechte und rationales Denken mussten in die Debatte eingeführt und verteidigt werden, aber sie waren so eng mit den Interessen einer gebildeten Mittelschicht verbunden, dass sie sich durchsetzen konnten.

Das ist auch die Achillesferse des aufgeklärten Denkens: das Missverständnis, menschliche Gesellschaften würden sich linear und rational entwickeln, weil Menschen Vernunftwesen sind. Diese Idee scheiterte daran, dass Homo sapiens mit allen anderen Tieren die Eigenschaft teilt, dass seine Antriebskräfte nicht rational sind und nicht auf ein Leben nach rationalen Prinzipien abzielen und sie nicht vorrangig rationalen Motivationen folgen.

Ein wesentlicher Teil des aufgeklärten Menschenbildes scheint also das Produkt eines historischen Überschwangs zu sein, des Moments nämlich, an dem die Vernunft, wie Peter Gay bemerkte, zum ersten Mal in der Geschichte der Menschheit imstande war, mittels wissenschaftlicher Hypothesen und Experimente die Welt zu durchdringen und verborgene Kräfte wie Elektrizität zu nutzen und zu kontrollieren, mit Mikroskopen und Teleskopen neue Welten zu entdecken und die eigene zu verändern. Gleichzeitig entsprach die Idee des rationalen Wesens Mensch der christlichen Vorstellung von der Seele und ihrem Verhältnis zum Körper. Der Dualismus zwischen Geist und Materie, den Descartes formuliert hatte, eignete sich hervorragend zu einer Transfusion alter Inhalte in eine neue Gestalt. Der Mensch als Vernunftwesen im Kampf mit der irrationalen Körperlichkeit ließ sich leicht in bestehende Denkgewohnheiten integrieren.

Die aufgeklärte Vernunft und die christliche Seele ähnelten einander so stark, dass die Vernunft die Seele ersetzen konnte. Die Seele des Christentums musste von niederen Trieben und körperlicher Lust gereinigt werden. Die aufgeklärte Vernunft übersetzte diesen Mechanismus in ihr eigenes Vokabular. Sinnlichkeit und Instinkt wurden nicht rational betrachtet und bekämpft, nur die reine Vernunft konnte zum Ziel führen. Es war eine Art Etikettenschwindel. Wo Vernunft draufstand, war oft Seele drin.

Inmitten der aufgeklärten Euphorie ist es verständlich, dass eine rationale Weltordnung zwischen vernünftigen, autonomen Individuen das Ziel der Geschichte zu sein schien, ein säkularisiertes Paradies. Dann aber wurde die fromme Illusion vom Menschen als Vernunftwesen im Lauf des zwanzigsten Jahrhunderts so oft mit Füßen getreten, dass sie nicht mehr haltbar scheint. Selbst die großen Massenmorde der Moderne wurden rational, philosophisch und wissenschaftlich untermauert, von Schädelvermessungen bis zu Heidegger, von den Gulags bis hin zu den Vernichtungslagern. Kant hatte den »Ausgang des Menschen aus seiner selbstverschuldeten Unmündigkeit« gefordert, aber inzwischen hat sich gezeigt, dass jenseits dieses Ausgangs schreckliche Dinge möglich werden und dass immer mehr Menschen diesen Ausgang gar nicht mehr suchen.

Die Aufklärer dachten also nicht nur wissenschaftlich-empirisch, sondern auch stark in Fiktionen. Einerseits bestanden sie darauf, die Natur und die Menschen so rational und illusionslos wie möglich zu erforschen und zu verstehen. Andererseits entwarfen sie Fernziele, die ein zivilisiertes Zusammenleben und eine Verbesserung menschlicher Gesellschaften überhaupt erst möglich machen sollten. Menschenrechte wie Freiheit und Gleichheit sind solche Fiktionen, denn sie existieren nicht in der Natur. Kein Grashalm, kein Hering und kein Wüstenfuchs hat ein Recht auf irgendwas.

Rechte werden innerhalb von Gruppen verliehen, aufgrund von sozialen Hierarchien und aus Eigeninteresse, aufgrund einer Geschichte, die eine Gesellschaft sich erzählt. Jeder Wolf in einem Rudel hat einen Platz in der Hierarchie, die mit bestimmten Rechten (Fressordnung, Paarung) verknüpft ist. Homo sapiens ist das einzige Tier, dass diese verbreitete Garantie zumindest theoretisch über das eigene Rudel und den eigenen Stamm auf die gesamte Spezies ausgeweitet hat, und das aufgrund einer historisch noch sehr jungen Erzählung, die behauptet, dass alle Menschen gleich an Freiheit und Rechten geboren sind, dass jeder innerhalb der Gemeinschaft, die sich diese Geschichte erzählt, jedem anderen gleich ist.

Diese Geschichte muss ständig neu erzählt werden. Immer wieder muss ihr neues Leben eingehaucht werden, immer wieder muss sie den Status quo herausfordern, über sich selbst hinauszuwachsen. Kein Gott, kein Schöpfungsmythos und kein himmlischer Gebote-Katalog diktiert diese Menschenrechte. Sie hängen an nichts anderem als an der Entschlossenheit derer, die sich für sie einsetzen.

Die doppelte Stoßrichtung der Aufklärung verbindet empirisches, belastbares Wissen mit notwendigen Fiktionen. Was also wäre, wenn man die Aufklärung ambitionierter, konsequenter denken würde?

GUT ZUM DENKEN

*Les espèces sont choisies non commes bonnes
à manger, mais comme bonnes à penser.*

Die Arten [Totemtiere] werden nicht gewählt,
weil sie gut zum Essen sind, sondern weil sie
gut zum Denken sind.

CLAUDE LÉVI-STRAUSS,
LE TOTÉMISME AUJOURD'HUI, 1962

Das Papiertheater meines fernen, als Kind verunglückten
Großonkels war ein Dokument der romantischen Revolte gegen eine aufgeklärte Welt aus Verhaltensregeln, Befehlen und
Ermahnungen. Es war eine heimliche Hymne an den Wind der
Freiheit, der durch die Prärien wehte. Das Leben kann anders
sein, versprach es, das Leben kann ganz anders sein. Dieses
Versprechen – dass hinter der trivialen Alltagsexistenz eine
Welt voller wertvollerer, authentischerer Möglichkeiten liegt –
ist das schlagende Herz jeder romantischen Revolte. Historisch ist die Romantik immer der Antipode der Aufklärung gewesen, ihre Negierung.

Tatsächlich aber haben sich viele der interessantesten Denker und Denkerinnen von Montaigne bis Hannah Ahrendt zwi-

schen diesen beiden Polen bewegt und aus beiden Energie gewonnen.

Der US-amerikanische Philosoph Richard Rorty beschreibt die romantische Haltung gegenüber der Vernunft: »Im Herzen der Romantik ... ist die Behauptung, dass die Vernunft nur Pfaden folgen kann, die die Vorstellungskraft zuerst erschlossen hat. Keine Worte, keine Gedanken. Keine Vorstellungskraft, keine neuen Worte. Keine solchen Worte, kein moralischer und intellektueller Fortschritt.«

Die Romantiker, nicht die Protagonisten der aufgeklärten Vernunft, sahen in Imagination und Geschichtenerzählen die transformative Kraft einer Intuition, die neue Gestalten entwirft, neue Begriffe, Erfahrungen, die Möglichkeiten schafft. Allerdings betonten sie gleichzeitig eine zweite, zutiefst konservative Perspektive auf Geschichten als Ausdruck der ewigen Volksseele. Ihre Sensibilität war zerrissen zwischen der Sehnsucht nach Ewigkeit und dem Verlangen nach Revolution. Diese Sehnsucht gossen sie in Bilder, die viel eindrücklicher waren als der Vernunftmensch der Aufklärung.

Alles Denken braucht seine Objekte. Sie sind wichtig, um Ideen zu kristallisieren und in Handlungen zu übersetzen. Der Ethnograph und Anthropologe Claude Lévi-Strauss schrieb, dass die Totemtiere indigener Stämme nicht ausgewählt wurden, weil sie gut schmeckten oder einen wichtigen Teil des Speiseplans ausmachten, sondern weil sie den Angehörigen des Stammes dabei halfen, sich mit einer Ursprungserzählung zu identifizieren, ihre eigene Identität zu denken, sich an den symbolischen Fähigkeiten und Tugenden des Totemtieres zu orientieren, seine Geschichten zu absorbieren, sich als anders zu begreifen, als ein Leben mit einem besonderen Charakter.

Die Idee des Totems lebt durch den Massenkonsum trivialisiert weiter und hat gleichzeitig einen intensiven, sozusagen romantischen Markt für echte, authentische Reliquien geschaffen, Totems der Religion, des Sports, des Genies, einer in unterschiedlichen Idiomen beschriebenen Transzendenz. Dieses Andere hinter dem Horizont der rationalen Erkenntnis mag nicht existieren, aber es kann Menschen dazu veranlassen zu handeln, als ob es existieren würde. Es ist eine Art kollektiver Hypnose, die eine solche Idee am Leben hält, indem es sie immer wieder in der Praxis und den Emotionen derer verankert, die diese Geschichte erzählt bekommen.

Solche Bilder haben es in veränderter Form auch in das Denken unserer Zeit geschafft. Menschenrechte, Freiheit, Gleichheit, Solidarität sind keine Beschreibungen natürlicher Sachverhalte, sondern ideelle Totems, notwendige Fiktionen, die Gesellschaften zivilisierter machen. Ohne solche geteilten Fiktionen kann es wohl keine wirkliche Gesellschaft geben, höchstens einen Waffenstillstand zwischen unterschiedlichen Gruppen, die nebeneinander denselben Ort besetzt halten.

In *Against the Grain* beschreibt der Wirtschaftsarchäologe James C. Scott, dass komplexe Gesellschaften erst möglich wurden, als eine ausreichend große Bevölkerung zur Sesshaftigkeit und zum Ackerbau gezwungen werden konnte, denn Knochenfunde demonstrieren, dass unfreie Bauern kürzer und ärmlicher lebten, sich schlechter ernährten und häufiger krank waren als Jäger und Sammler. Dazu waren Militär, Administration und schriftliche Dokumentation unabdingbar. Genauso wichtig war es aber, dass die Priester des Tempelbezirks auch Hüter einer gemeinsamen Geschichte wurden, einer Gruppe von Ritualen, Figuren und Symbolen, eines Schöpfungsmythos. So entstanden Identitäten, die über die unmittelbare Gruppe hinausreichten, ohne die aber der Zorn der Götter sicher war. Erst als Menschen zu Untertanen umerzählt wurden, wurden sie zu Untertanen.

Identitäten sind Erzählungen und werden immer wieder umerzählt. Innerhalb von wenigen Generationen können sich dabei soziale Zwänge und moralische Reflexe völlig verkehren. Vor einem Jahrhundert zogen Hunderttausende junger Männer freiwillig in den Krieg, obwohl sie wussten, dass sie ihr Leben und ihre Gesundheit riskierten, ohne daraus wirtschaftlichen Nutzen schlagen zu können. Wie viele Menschen würden heute so handeln? Für wie viele wäre die Aussicht, auf dem Feld der Ehre zu fallen, auch nur einen Augenblick lang ernst zu nehmen? Und was verliert und was gewinnt eine Gesellschaft, wenn ihre Mitglieder kaum mehr bereit sind, für ein Ideal zu sterben und zu töten?

Die moralischen Instinkte der westlichen Welt haben sich radikal verändert. Sie entsprechen den Erwartungen und Freiheiten eines Lebens in stabilen, wohlhabenden, toleranten Gesellschaften, die keinen Hunger kennen, funktionierende Gerichte und verlässliche Geburtenkontrolle haben. Aus einer Ethik des Verzichts und der Pflichterfüllung, die vor dem fossilen Zeitalter Kunst und Öffentlichkeit dominierte und die soziale Realität widerspiegelte, wurde in Gesellschaften, die von Märkten und Hyperkonsum getrieben werden, die Ethik der Selbstoptimierung und ultimativen Wunscherfüllung.

Das Totem eines Weltkriegssoldaten lag in einer starken gesellschaftlichen Transzendenz, in Gott und Kaiser und Vaterland und Anstand und Selbstaufopferung, deren Symbol er in Gestalt einer Uniform am Leib trug. Der mimetische Konsum vermittelt zwar ein Gefühl, dazuzugehören, aber er ist darauf ausgerichtet, Heißhunger auf Nahziele zu schüren, die den Platz der ehemaligen und unerreichbaren Transzendenz einnehmen. Eine *brand identity* ist fast so gut wie eine eigene Identität, und wesentlich erkennbarer.

Produkt-Totems sind darauf ausgelegt, ephemer und instabil zu sein. Es ist eine dünne, brüchige Transzendenz, die nur trägt, wenn sie ständig erneuert wird, wenn ständig neue Akte der kommerziellen Kommunion den heiligen Bund bestätigen. Zusätzlich ist Hyperkonsum ganz auf Objekte und Erfahrungen konzentriert, die nur als Produkte von Wachstumsökonomien möglich sind und deswegen keine Zukunftsperspektive bieten. Um ein Denken jenseits dieses Status quo möglich zu machen, wäre es nützlich, Totems zu identifizieren, die nicht selbst Teil des Systems sind, das gerade sein Ende findet. Um eine Aufklärung neu denken zu können, bedarf es stärkerer Bilder im Kopf, stärkerer Totems.

Aus dieser Einsicht ist mittlerweile ein vielseitiger und geduldiger Aktivismus gewachsen, Debatten haben sich entzündet, eine globale wissenschaftliche Gemeinschaft ist entstanden, die versucht zu intervenieren, den öffentlichen Raum und die Bühne der gemeinsamen Imagination neu zu besetzen. Hier findet der Kampf um die Bilder statt, die wie die Totems indianischer Kulturen notwendig sind, um über sich selbst und die Welt nachdenken zu können.

Geerdet

Wenn einige der verbohrteren Aufklärer, beispielsweise der wohlmeinende, aber grandios unmenschliche Jeremy Bentham, die Welt und den Menschen nur noch rationalistisch und zweckorientiert begreifen konnten, so war die Romantik die Rebellion dagegen. Sie wollte die Natur nicht nur als Materialsammlung für Wertsteigerung und Profit begreifen, sie sprach ihr eine eigene raunende Stimme zu.

Dieser Kontrast zwischen taghellem Rationalismus und dämmriger Romantik ist zweifellos übertrieben. Auch und gerade Aufklärer sahen schließlich den Menschen als Teil der Natur. Der Franzose Julien Offray de La Mettrie ging sogar so weit, den Menschen selbst als natürliche Maschine zu beschreiben, als rein biologischen Mechanismus ohne Ziel und Zweck. Dies war einer der großen Gewissenskonflikte vieler denkender Menschen, von Spinoza bis Nietzsche: Wenn alles Natur ist, was sind wir dann? Es ist auch der mächtigste Gedanke, den die Kultur der Gegenwart nur sehr oberflächlich und gewissermaßen nur als Fettauge absorbiert hat.

Wenn das aufgeklärte Denken damit begann, Menschen als Teil der Natur zu begreifen – denselben Gesetzen unterworfen, verwandt mit anderen Tierarten und ihnen anatomisch und im Verhalten vergleichbar –, denken wir diesen Gedanken weiter. Sehen wir Homo sapiens als eine vielleicht zu erfolgreiche Primatenart, einen Organismus unter zahllosen anderen, weniger wichtig als Plankton?

Wiederum ist es entscheidend, in welche Bilder diese Gedanken gekleidet werden. Bruno Latour schlägt eine Präzisierung vor, um den Zusammenhang zwischen Mensch und Natur aus einer anderen Perspektive zu fassen. Die Idee, dass

Menschen »auf der Erde« leben, ist ein Fehler, argumentiert er.

Alle Organismen, von Einzellern bis zu Menschen, sind Bewohner derselben kritischen Zone, einer dünnen, leicht zerreißbaren Membran zwischen der toten Tiefe des Gesteins unter ihren Füßen und der unendlichen Leere des Alls über ihren Köpfen. Diese fragile Schicht verfügt über eine Atmosphäre und über Sauerstoff, innerhalb derer Leben möglich ist: »Reden wir nur weiter von der Natur im Allgemeinen, geraten wir vor der Größe des Universums in Entzücken, tauchen gedanklich ein ins Zentrum des Planeten, lassen uns angesichts der unendlichen Räume erschrecken: Letztlich beruht alles, was uns betrifft, auf dieser winzigen kritischen Zone. Von hier aus gehen alle für uns wichtigen Wissenschaften aus und dorthin kehren sie zurück.«

In dieser kritischen Zone ist wie in einem unendlich komplexen Mobile alles mit allem verbunden, jede Handlung wirkt auf zahllose Weisen und an zahllosen Orten nach. Dabei sind Menschen nur einer unter den Akteuren, und auch sie agieren auf unterschiedlichen Ebenen und auf häufig widersprüchliche Weise. Von Mikroben-Aktivität bis zur Umweltgesetzgebung, von Höhenwinden bis zur Rodung von Wäldern, von Plastik in den Ozeanen bis zur Planktonblüte und der Plattentektonik ist alles miteinander verknüpft und auf das Funktionieren anderer Elemente angewiesen. Das Leben und Überleben von Homo sapiens formt einen winzigen, aber wirkmächtigen Teil eines unendlich komplexen Netzwerks gegenseitiger Abhängigkeiten und unvorhersehbarer Konsequenzen.

Der autonom handelnde Mensch, die Krone der Schöpfung, der die Welt unter sein Knie zwingt, ist eine Geschichte, die ängstliche Geister sich erzählen. Homo sapiens ist ein integraler Bestandteil der kritischen Zone, symbiotisch mit zahllosen Organismen zusammenlebend, ein Glied in der Evolutionsgeschichte, selbst ein Katalog von evolutionären Wundern, Irrtümern und Redundanzen. Zudem ist er tief durch soziale Kontakte, Erinnerungen, Geschichten und Praktiken vernetzt, dass das, was man »Identität« nennt, einfach ein Punkt in dieser Matrix ist, eine Serie von Positionen auf dem Kontinuum der Möglichkeiten.

Die Aufklärer dachten nicht wissenschaftlich genug, als sie Menschen als Vernunftwesen beschrieben. Inzwischen zeigt ein beeindruckender Korpus von Forschung aus Zoologie, Biologie, Anthropologie und Genetik ein völlig anderes Bild. Das rationale, selbstbestimmte und frei handelnde Individuum, dessen Körper gegenüber der Außenwelt klar definiert ist, macht seinen Abgang von der Bühne der Geschichte als blasse Fiktion.

Nicht nur durch Atem, Nahrung und Wahrnehmung lassen Menschen ihre Umgebung buchstäblich in ihren Körper fließen. Ein Mikrobiom aus Billionen von körperfremden Bakterien ermöglicht die Verdauung, wirkt auf das Immunsystem und übt einen entscheidenden Einfluss auf Hormonhaushalt, Gesundheit, Intelligenz und Stimmung aus, und das menschliche Erbgut hat im Lauf seiner Evolutionsgeschichte immer wieder Teile von Viren-DNA in ihr Genom eingebaut, ist also nie »rein menschlich« gewesen.

Auch die klassische Genetik transportierte lange das Konzept des Menschen als einzigartiges und unveränderliches Individuum, das Resultat eines unverwechselbaren und unveränderlichen Bauplans. Das hat sich mit der Epigenetik radikal geändert. Einzelne Gene, so wird deutlich, werden durch Umwelteinflüsse und individuelle Erfahrungen wie Traumata oder Stress über Generationen hinweg in ihrer Expression beeinflusst, an- oder ausgeschaltet, oberflächlich verändert, unlesbar gemacht oder aktiviert. Das Genom ist kein starrer Bauplan, sondern ein komplexer Schaltkreis, ein riesiges Pult mit unbegreiflich vielen Schaltern und Wechselwirkungen, die permanent von Umwelteinflüssen und sogar von ererbten Erfahrungen manipuliert und subtil verändert werden. Unendlich viele Faktoren in Umwelt und genetischer Veranlagung beeinflussen menschliche Daseinsmöglichkeiten bis in die kleinsten Zellen, den Hormonhaushalt und bis in ererbte physische Erinnerungen hinein.

Ist die Autonomie schon auf molekularer Ebene illusorisch, ist sie es erst recht im Verhalten, in dem Homo sapiens exakt dieselben Muster, Hierarchien, Strategien und Bedürfnisse aufweist wie andere Primaten, andere Säugetiere, andere Wirbeltiere.

Je mehr Zoologen über andere Tiere erforschen, desto schmaler und poröser wird der Grat, der die Hominiden von anderen Arten trennt. Schimpansen kennen Traditionen und handwerkliche Fertigkeiten, die von Generation zu Generation weitergegeben werden, auch sie leben in erheblicher sozialer Komplexität, höhere Säuger können ein Gegenüber täuschen und emotional einschätzen, sie haben eigenständige Persönlichkeiten, erkennen sich im Spiegel und zeigen Anzeichen eines schlechten Gewissens, wenn sie das soziale Gesetz des Rudels übertreten haben, sie sind abwechselnd egoistisch und altruistisch, können trauern, sich langweilen, einsam sein und träumen, können sich an ihre Toten erinnern, kümmern sich um ihren Nachwuchs oder sogar den Nachwuchs anderer.

Auch das sexuelle Verhalten der Tiere ist weit von dem entfernt, was Menschen mit dem Moralbegriff des wissenschaftsvernarrten 19. Jahrhunderts ihnen zubilligten, indem sie ihre gesellschaftlichen Vorurteile auf die Tierwelt projizierten. Je nach moralischem Interesse wurde der Vergleich mit dem Tierreich dazu gebraucht, um entweder zwischen der Moralität des Menschen und sogenannten tierischem, bestialischem Verhalten zu unterscheiden, oder aber zwischen der menschlichen Perversität und der Tugendhaftigkeit in der Natur.

Das sexuelle Verhalten von Tieren ist immer auf Fortpflanzung gerichtet, schallte es aus wissenschaftlichen Abhandlungen und Naturfilmen bis in die zweite Hälfte des vorigen Jahrhunderts, weil Zoologen dies beschrieben. Sie taten das, weil es ihnen in ihren Hörsälen selbst so eingeschärft worden war, und ignorierten mit dieser Lesart im Kopf alle anderen Verhaltensweisen, die sie zwar auch vor sich sahen, aber nicht festhielten, weil sie von der Lehrmeinung als atypische Einzelfälle betrachtet wurden.

In den vergangenen Jahrzehnten hat die zoologische Feldforschung ein anderes, variiertes und interessanteres Bild vom Intimleben der tierischen Verwandtschaft entworfen. Fast jede nur denkbare Praxis wurde dokumentiert: von Homosexualität bis zu seriellen Partnerschaften, von Harems und Orgien, Vergewaltigungen und Masturbation und lebenslanger Monogamie. Die einzige sexuelle Verhaltensweise, die bisher nur bei Homo sapiens und nicht bei anderen Tieren beobachtet wurde, ist das freiwillige Zölibat.

Homo sapiens ist nicht allein, er ist nicht einmal so unterschiedlich vom Rest der Natur, wie er gerne glauben würde und immer wieder konstruiert, im Gegenteil: Er ist mittendrin in dieser Natur, und sie durchdringt sein Innerstes und erlaubt ihm erst, sich als Mensch zu fühlen und als Mensch zu denken. Die Geschichte der menschlichen Einzigartigkeit entstammt einer erfolgreichen evolutionären Adaptation, dem Geschichtenerzählen, der Reise durch imaginäre Welten und der Kommunikation darüber, dem Aufbauen einer Spannung zwischen dem, was ist, und dem, was sein könnte.

Die Geschichte der Erde

Der Primatologe Frans de Waal beschreibt den unter Schimpansen stark ausgeprägten Sinn für Gerechtigkeit und Fairness. Ein Schimpanse, der für dieselbe erledigte Aufgabe statt wie sein Nachbar eine Traube wiederholt nur ein Stück Gurke bekommt, wird dagegen protestieren. Es ist also möglich, dass auch Homo sapiens so etwas wie einen angeborenen Sinn für Fairness und Gerechtigkeit, für Sinn und Ziel in seiner Welt hat, und es ist denkbar, dass hier der Beginn des Erzählens liegt.

Menschen brauchen Geschichten, denn statt Sinn und Ordnung bietet die erlebte Realität immer wieder Chaos und Ungerechtigkeit. Immer wieder werden Wünsche enttäuscht, überall entsteht unnötiges Leid, die wenigsten Menschen erfahren Gerechtigkeit. Vielleicht liegt ein Ursprung des menschlichen Bedürfnisses nach einem Gegenentwurf zu diesem ambivalenten Erleben in der Sinnlosigkeit.

Geschichten schaffen Handlung und Struktur, Sinn und Zweck, Tugend und Laster, Lohn und Strafe. Sie motivieren zielgerichtetes Handeln, das in der Realität immer wieder scheitert. Geschichten machen die Welt lesbar. So entsteht eine geteilte Parallelwelt, in der Menschen imstande sind, in größeren und komplexeren Gruppen zu leben, weil sie einander erkennen und lesen können, ohne einander begegnet zu sein.

So könnte Homo sapiens aus einer aufgeklärten Perspektive aussehen: ein Primat, der gelernt hat, sich selbst zu überschätzen, der sich selbst unendlich wichtig ist, aber nichts und niemand anderem. Ein poröser, von verschiedenen Verbindungen durchzogener Körper, ein Bewusstsein, das auf instabilen Hormonen und abertausend Geschichten schwimmt und gelegentlich zu rationalen Entscheidungen fähig ist, ein immenser Reichtum an Schönheit und Sinn, wenn auch aus einer rein narzisstischen Perspektive, der Mensch ein Organismus, der über ein Welttheater mit seinesgleichen kommuniziert und universell träumen kann, aber immer lokal geerdet lebt, ein Staubkorn und eine Welt, wie schon Hamlet fand.

Zygmunt Baumans flüssige Moderne lässt sich so auch auf eine existenzielle Ebene bringen und verbindet sich hier mit ihrem Gegenteil, nämlich den Überlegungen, die Bruno Latour über eine neue Erdung des Menschen in seiner lokalen, körperlichen oder, wie er schreibt, terrestrischen Existenz angestellt hat. In der Natur sieht Latour »die Materialität, die Heterogenität, die Dichte, den Staub, den Humus, die Abfolge der Schichten ..., die verblüffende Komplexität, die kontinuierliche und aufmerksame Pflege, die er erfordert. Er ist also das genaue Gegenteil eines Bodenuntergrunds, der durch ein Entwicklungs- oder Immobilienprojekt in Besitz genommen werden kann. Der so verstandene Boden lässt sich nicht aneignen. Man gehört ihm, er gehört niemandem.«

Eine neue Art von Homo sapiens wird fragmentarisch sichtbar. Von diesem faszinierenden, aber gefährlichen Wesen hat sich das rationale, autonome Selbst still verabschiedet, ist von uns gegangen, ein Abschied von historischen Ausmaßen. Der Mensch als Krone der Schöpfung, als Sinn und Zweck des Daseins, dem die Erde untertan ist und unendliche Ressourcen liefert – dieses heroisch-narzisstische Bild kommt aus der Bibel (mit Vorgängern im Zweistromland) und hat durch den Kolonialismus die entferntesten Winkel des Planeten erreicht. Es ist grundlegend für Gesellschaftsordnungen, Gesetze, Tugendbegriffe, für Ideen von Gerechtigkeit und von Rechten in einer Hierarchie des Lebens. Es ist auch an sein Ende gekommen.

Wirtschaftswachstum und Ausbeutung, Aufklärung und romantische Rebellion: ein ewiges dialektisches Streben zum Ende der Geschichte, zur Apotheose, zur messianischen Vollkommenheit, von Hegel bis Fukuyama: Solche Ideen haben sich nicht durchgesetzt, weil sie zutrafen, sondern weil sie nützlich waren, weil sie die Welt auf eine Weise neu beschreiben konnten, die sich gut anfühlte. Sie waren effektiv und transportierten die vertraute, biblische Sicht vom Menschen als Herrn der Schöpfung, die in der Bronzezeit nützlich war, weil das Leben tatsächlich hässlich, brutal und kurz war, die aber ihren Wert längst überdauert hat.

Die neue Geschichte, die notwendig ist, um die Menschheit neu zu erzählen und den Krieg gegen die Zukunft zu beenden, ist vielleicht auch eine Rückkehr zu einer sehr alten Geschichte in einer anderen Sprache, eine Klammer von mehreren Jahrtausenden.

Latours Idee von der notwendigen Erdung des Menschen ist inspiriert von Lynn Margulis' und James Lovelocks Gaia-Hypothese, die davon ausgeht, dass der Planet selbst eine Art Organismus ist, der handelt, reagiert, sich entwickelt. Ob das ein hilfreiches Bild ist oder nicht, und ob diesem Bild eine wissenschaftlich sichtbare Realität entspricht, ist unsicher. Sowohl die Gaia-Hypothese als auch Latours kritische Zone sind Ausdrücke einer Renaissance des Denkens oder, genauer gesagt, einer nichtbiblischen dramatischen Weltkonzeption. Selbstverständlich sind sie deswegen als Romantiker verschrien, aber es bleibt abzuwarten, ob die exzentrische Sicht eines James Lovelock nicht einen wertvollen Perspektivenwechsel ermöglicht, weil sie starke Bilder anbietet.

In allen bekannten Mythen von sogenannten Naturvölkern über die ersten Stadtkulturen bis ins alte Griechenland spielten die Erde und in einem weiteren Sinne die Natur eine aktive Rolle in der Erzählung, indem sie, um beim griechischen Beispiel zu bleiben, als Göttin Gaia auftraten, als Demeter, Satyrn und Nymphen in Grotten und Wäldern, als Menschen und Götter, die in Tiere verwandelt wurden, als Meeresgott Poseidon und als Geister, Dämonen und mindere Gottheiten. Durch sie war die Natur ein aktiver Teil der Mythen, die sich in den unterschiedlichsten Konstellationen verhielt und ihren eigenen Interessen, ihrem Begehren und Lebensdrang folgte.

Mythenhistorisch ist es faszinierend zu sehen, wie eine neue Generation von Göttern – Zeus und seine Geschwister und Nachkommen – irgendwann diese Urgötter verdrängen und dass dieser Prozess ein Spiegelbild dessen ist, was sich damals in Gesellschaften des östlichen Mittelmeerraums abspielte, wo von Mesopotamien bis nach Ägypten, Palästina und Griechenland die Erdgöttinnen und vielleicht auch ihre Erinnerungen an eine ältere, matriarchale Kultur von einer neuen, phallokratischen Ordnung verdrängt wurden.

Dieser Prozess spiegelt sich auch in der Bibel, in der ein einziger Gott die Erde erschafft und nicht eine Erdgottheit alle Götter gebiert. Diese Erde ist verstummt, ein Objekt, ein passives Territorium. Sie handelt nicht, hat keine Stimme. Ihre Ressourcen sind da, um ausgebeutet zu werden, ihre Territorien dazu, als Parzellen auf den Markt zu kommen, in Besitz genommen, unterworfen, aufgegraben, abgebaut, umgepflügt zu werden. Die Erde der nachbiblischen Kulturen ist totes Material.

Aus unterschiedlichen Perspektiven auf die Welt, aus unterschiedlichen Geschichten resultiert unterschiedliches Handeln. Es ist daher interessant zu sehen, dass im Zug einer Diskussion um das Anthropozän und die menschengemachte Klimakatastrophe eine nichtabrahamitische Konzeption der Erde eine neue Gestalt findet. Das alte Personal von Göttern und Nymphen, die Erstinszenierung gewissermaßen, ist längst im Ruhestand. Aber das, was die Antike als Mythos erzählte, kann heute mit wissenschaftlichen Metaphern neu erzählt werden: So entsteht eine wandelbare Konzeption von der Erde als Biosphäre, als komplexem Organismus mit einer Vielzahl von Stimmen, als Akteur in einem gigantischen Netz existenzieller Abhängigkeiten, in dem auch Homo sapiens zappelt. Gaia beginnt wieder zu sprechen.

Die Gaia der Antike ist die Schwester des Eros, der Unterwelt-Gottheiten Thanatos und Erebos und von Nyx, der Nacht. Sie ist die Mutter der Titanen, des Kronos, der Furien, der Nymphen. Ihr Teil der Welt ist dunkel, nächtlich, erfüllt von Begehren, Fruchtbarkeit und Zerstörung, immer wieder vergehend und erneuernd. Die Unterdrückung dieser Kräfte beschreibt eine Geschichte der patriarchalen Machtergreifung und Umgestaltung der Welt und ihrer Mythen. Sie zeichnet auch den Pfad zum unvergleichlichen evolutionären Erfolg von Homo sapiens und direkt weiter zu seiner selbstverursachten Auslöschung.

Die logische Fortführung des aufgeklärten Impetus, so scheint es, wäre, diese Gedanken zusammenzuführen. Geschichten bieten eine Auswahl zwischen metaphorischen Universen. Die Erde als Göttin und Akteurin, als Gebärerin und Handelnde ist etwas anderes als die Erde als bloße Oberfläche: aufgerissen, zubetoniert, durchbohrt, verbrannt, gerodet, verseucht.

Hier könnte ein neuer Schwung ins aufgeklärte Denken kommen, indem es wissenschaftliche Modelle zur Basis eines narrativen Weltzugangs macht. Wenn sich die menschliche Fantasie an der Erhitzung des Planeten entzündet und neue Träume träumt, wenn sie anfängt, andere Geschichten zu erzählen, können Transformationen sich auch da durchsetzen, wo sie noch kurz zuvor völlig undenkbar schienen, von Diderots Dampfmaschine zur Einstein'schen Physik, von der im 17. Jahrhundert weithin als absurd und gefährlich angesehenen Idee der menschlichen Gleichheit bis hin zur feministischen Revolution.

Homo sapiens hat sich weit über seine ursprüngliche existenzielle Begrenzung hinausgeträumt. Das Geschichtenerzählen erscheint aus dieser Perspektive als eine schreckliche, erregende, erhabene, blasphemische evolutionäre Adaptation des Überlebenstriebs des lautesten und dominantesten aller Primaten. So könnte der Anfang einer Neuinterpretation des Menschseins aussehen, die diese Spezies mitten in der kritischen Zone verortet.

Der Kampf der Geschichten ist ein Kampf darum, wie die

Zukunft gedacht und unternommen werden kann, ob als Verlängerung der Gegenwart, als Rückkehr in ein ideales Gestern oder als *Terra nova*, ein weißer Fleck auf der mentalen Landkarte, der kartographiert werden muss.

NARZISSTISCHE KRÄNKUNG
FÜNF

Hinter dem Spiegel

Was Narziss nie wissen wird, weil seine ganze Konzentration der betörenden Oberfläche gewidmet ist: Hinter seinem Spiegelbild liegt eine Welt, in der Bilder verfließen, in der eigene und fremdartige Gesetze herrschen.

Das biblische Individuum als Herrscher über die Natur und das romantische Individuum als tragisch isoliert und von ewiger Sehnsucht getrieben – diese narzisstischen Fantasien zerplatzen wie Seifenblasen an wissenschaftlichen Erkenntnissen und Theorien, die alle in dieselbe Richtung weisen, nämlich dass es weder die Welt, so wie sie von Menschen wahrgenommen wird, noch die wahrnehmenden Individuen als solche überhaupt gibt.

Das Bewusstsein ist seine eigene, ständig murmelnde Geschichte, die Membran aus Leben und Sinn, die kritische Zone der menschlichen Existenz, eine notwendige Fiktion.

Ein wahrnehmendes Ich und eine wahrgenommene Welt flimmern auf, weil ein Organismus so adaptiert ist, dass er bestimmte Stimuli wahrnehmen und sich aus ihnen ein Bild von der Welt machen kann, das es ihm erlaubt, sich erfolgreich durch die physische, die soziale und die psychologische Umgebung zu bewegen, indem er ihre Erfahrungsinhalte ständig dramatisiert, sie emotional auflädt, sich Geschichten über sie erzählt. Dieser Film heißt Bewusstsein, in ihm spielt sich alles Leben und Erleben, alles Wahrnehmen und Erinnern und Empfinden ab. Der Film reißt irgendwann ab.

Er ist unendlich schön und unerträglich grausam.

KAPITEL FÜNF

DER KAMPF DER GESCHICHTEN

Ich spreche zu dir, mein Herz
Auf dass du mir antwortest
Denn es schmerzt zu schweigen
Viel ist, was auf dir lastet

O wüsst' ich doch
Was noch nicht gesagt wurde
Hätt' ich doch nur
Unbekannte Ausdrücke
Fremdartige Aussprüche
Neue Worte.

CHACHERPERRESENEB, ÄGYPTEN,
UM 1800 VOR CHRISTUS

Vielleicht kann die Energie einer weiter gedachten Aufklärung tatsächlich neue Geschichten beflügeln, neue Figuren auf die Bühne stellen. Diese Geschichten aber werden sich behaupten müssen, denn sie haben längst die Hoheit über das Drama verloren. Den Kampf um die Zukunft gewinnt nicht die edlere, sondern die effektivere Geschichte.

Politische Clowns und Entertainer in internationalen Führungspositionen sind die logische Konsequenz einer Zivilisation, deren Imagination längst vermarktet wurde und von kommerziellen Interessen bewirtschaftet wird wie ein Acker Kohl, einer Gesellschaft, in der *Celebrities* die Helden der gemeinsamen Geschichten sind. Die Äquivalente zu Latours Figuren der demokratischen Debatte stehen aber noch längst nicht vollzählig auf der Bühne, und ihre Dialogzeilen sind noch nicht geschrieben, aber das Stück hat längst begonnen.

Je stärker die disruptiven Effekte des Klimanotstands werden, desto größer wird das Bedürfnis nach Sicherheit, nach starken Männern, einfachen Lösungen, nach Bestätigung, nach Ausgrenzung. Es bedarf keiner besonders lebhaften Fantasie, sich eine Zukunft vorzustellen, in der die Demokratie nur noch als abgespielte Kulisse auf der Bühne des Welttheaters steht, das davor gegebene Stück aber längst einen anderen Text benutzt und andere Bedürfnisse bedient – es findet bereits statt.

Die vermeintlichen Sicherheiten bestehen in der Flucht zurück, in eine Utopie einer heilen Vergangenheit, die es nie gegeben hat, in eine Vorstellung von Wirtschaftswunder und harmlosem Glück unter seinesgleichen, auch wenn die durch Mauern und Gewalt gegen Eindringlinge bezahlt werden muss, einer geschichtslosen Welt der Herren und Knechte. Diese Antwort heißt Rückzug, Identität, ethnischer Pluralismus, eine Idee von Menschenrechten, die mindestens zwei Klassen kennt. Die Rebellion gegen die neue Wirklichkeit einer globalen Klimakatastrophe findet von Australien und Brasilien bis Europa auch deshalb Resonanz, weil sie eine einfache Geschichte erzählt.

Dabei ist der Status quo bereits jetzt kein haltbarer Zustand mehr. Um es quantitativ auszudrücken: Schon jetzt kostet die Klimakatastrophe Hunderte von Milliarden allein durch Ernteausfälle, Versicherungszahlungen nach Naturkatastrophen, durch Versteppung und Überschwemmungen, hitzebedingte Ausfälle von Arbeit und Infrastruktur, Atemwegserkrankungen. Die gegenwärtige Situation ist bereits ruinös, die Kosten eskalieren.

In Zeiten des Umbruchs wachsen neue Geschichten durch die Risse im Beton der offiziellen Wahrheit, erstarken durch Unsicherheit. Zuerst ist es nur eine Intuition, ein vages Gefühl, höchstens anekdotisch belegt: Etwas hat sich verschoben. Menschen gehen anders miteinander um, die Natur verhält sich anders, lang erprobte Systeme knicken ein, alte Gefahren werden wieder akut, und neue kommen dazu. Manchmal kann eine neue Geschichte sich erst etablieren, wenn die alte vor aller Augen zu einer Ruine zerfallen ist. Oft halten ganze Generationen an ihren Ruinen fest, bewohnen sie weiter und spinnen ihre eigenen Geschichten der Erklärung und Rechtfertigung, halten die nächste Generation in Geiselhaft.

Auf der Straße neben mir läuft ein junger Mann mit wirrem Blick, ohne Kopfhörer im Ohr, und redet auf einen imaginären Freund ein. Es geht um Chemtrails, geheimnisvolle Eliten, die Illuminati, die Weltverschwörung. Das, was er da redet, wird im Internet täglich hunderttausendfach verbreitet, Thema und Variationen über die Arie »Protokolle der Weisen von Zion«.

Kurze Zeit später bestätigt mir ein Taxifahrer, ein pensionierter, luzide sprechender Bauingenieur, dass eine internationale Elite dabei ist, Europa umzuvolken, die christliche Zivilisation zu zerstören und so das moralische Rückgrat der Welt zu brechen, um ihre Bewohner zu vollkommen willenlosen Konsumenten zu machen. Die Chemtrails seien noch ein Experiment, aber sie würden Hormone enthalten, um die Bevölkerung dumm, träge und gefügig zu machen, oder sogar schwul. Männern wachsen jetzt schon Brüste, behauptet er, ohne dabei zu scherzen. Das muss doch was bedeuten. Aber das kommt ja nirgendwo vor in den offiziellen Medien.

Es war eine lange Taxifahrt, aber es ist immer wieder erstaunlich, auf welche Geschichten sich sonst offensichtlich rationale Menschen einlassen, nur um eine plausible Erklärung für das Unerklärliche zu besitzen. Gerade im Moment der größten Unsicherheit ist ihre Stabilität noch wichtiger als sonst.

Der Zusammenbruch der Wahrheit im öffentlichen Raum spiegelt einen Zusammenbruch von Vertrauen in die Hierarchie, die diese Wahrheit spiegeln soll, politische Macht und ein geteiltes, objektivierbares Wissen. Sie spiegelt aber auch einen Zusammenbruch eines Grundvertrauens, einer gemeinsamen Geschichte, die sich eine Gesellschaft erzählt.

Das ist eine konventionelle Schlussfolgerung, denn ein neues, ein großes Narrativ wird immer wieder gefordert. Aber ein großes Narrativ zu fordern ist ungefähr so, wie mehr Mut zu fordern. Selbstmordattentäter sind auf ihre verquere Weise auch mutig. Und auch große Narrative können mörderisch sein, siehe Kommunismus und Faschismus, Volkszorn und Gotteszorn.

Ohne eine gemeinsame Geschichte, ohne einen gemeinsamen Willen ist Transformation nicht möglich. Aber starke gemeinsame Geschichten bauen immer auch auf Ausgrenzung und häufig auf Gewalt.

Es kommt darauf an, wer die gemeinsame Geschichte erzählt, von welcher Perspektive aus sie ihre Figuren konstruiert, aus welchen Motivationen heraus. Auch dann aber ist eine gemeinsame Geschichte nur möglich, wenn im Publikum genug gemeinsame Erfahrung und biographische Resonanz vorhanden ist, um sich mit den Konflikten und Träumen der

Protagonisten zu identifizieren. Eine gemeinsame Geschichte kann nur auf Gemeinsamkeit bauen.

In westlichen Gesellschaften wird es zunehmend schwerer, eine solche Gemeinsamkeit zu gewährleisten. In vielen Gesellschaften gilt noch heute, was auch den reichen Westen prägte: Es waren geteilte Traumata, die auf brutale Weise einen gemeinsamen Erfahrungshorizont schufen. Von einem Krieg, einer Epidemie, einer Hungersnot waren alle Menschen mehr oder weniger direkt betroffen. Man sprach aus einer gemeinsamen Erfahrung heraus, spann das Erlebte zu Erzählungen aus, um sie in die eigene Identität integrieren zu können, ihr einen Sinn zu verleihen und daraus Motivation für zukünftiges Handeln zu schöpfen. Außerdem wurde die Gemeinsamkeit streng und häufig brutal überwacht und erzwungen. Wer sich nicht einfügen wollte oder konnte, fühlte den Zorn der Mehrheit. Sicherheit der Identität von Kollektiven wurde von Minderheiten und Sündenböcken teuer bezahlt.

Pluralistische Gesellschaften waren die Antwort der Nachkriegszeit auf solche kollektiven Traumata. Auf die Mordorgien zweier Weltkriege reagierten westliche Gesellschaften, indem sie Umverteilung, Frieden und internationale Solidarität stärkten. Solche Gesellschaften lassen unterschiedliche Lebensentwürfe und komplexe Identitäten zu, aber es fällt ihnen umso schwerer, ausreichend gemeinsame Erfahrungen, ausreichend starke kulturelle Resonanzräume zu schaffen, in denen gemeinsame Geschichten widerhallen können, zumal wenn die Erinnerung an das gemeinsame Trauma nach Generationen verblasst. Diversität ist ein Wert, der nicht von allen Menschen gleich hoch geschätzt wird, und um Diversität, Unterschiedlichkeit, das Leben dazwischen, das schillernde, kosmopolitische, zum Kern einer persönlichen Identität machen zu können oder zu wollen, muss es erst einmal Teil der unmittelbaren Erfahrung sein.

Tatsächlich aber spiegelt die soziale Wirklichkeit vielfach nicht so sehr Diversität als Segregation. Die Trennlinien verlaufen oft entlang religiöser und ethnischer Unterschiede, öfter noch werden sie durch Einkommen, soziale Kaste und soziale Netzwerke bestimmt. Die Erfahrung, die Menschen in solchen Gesellschaften machen, droht immer weiter in kleine und oft von geographischen Zusammenhängen losgelöste Gruppen zu fragmentieren und zu zersplittern, zumal diese Tendenz durch eine immer größer werdende Kluft zwischen Arm und Reich und damit durch ein Leben mit völlig anderen Erfahrungshorizonten unterstützt wird.

Mehr denn je erzählen Menschen innerhalb derselben Gesellschaft, desselben Dorfes, ja Hauses heute unterschiedliche Geschichten, haben unterschiedliche Bilder im Kopf über sich selbst und die Welt um sie herum. Ihre Leben berühren sich kaum. Sie teilen mit ihren unmittelbaren Nachbarn zu wenige gemeinsame Erfahrungen, vielleicht zu wenige Traumata, zu wenig eindeutige und reale Bedrohung, um sich unter Druck und aufgrund gemeinsam empfundener Resonanzen auf eine ausreichend starke, gemeinsame Geschichte zu einigen, ein gemeinsames Interesse zu definieren und dafür auch zu individuellen Opfern bereit zu sein. Noch einmal: Dies ist kein nostalgisches Argument. Früher war nicht alles besser, das Leben mit einer realen Bedrohung konnte elend sein, Traumata verkrüppeln Menschen, manchmal über Generationen. Aber Homo sapiens kennt in seiner evolutionären Geschichte eigentlich nur solche Situationen der Bedrohung und der Zerbrechlichkeit, er hat kaum angemessene Reflexe und keinen Erfahrungs-

schatz, um auf eine dauernde Situation des Überflusses zu reagieren.

Die Weiterentwicklung der Idee der liberalen Demokratie
ist ein offenes historisches Experiment mit der Fragestellung,
ob es möglich sein kann, ohne Zwang, ohne transzendentalen
Bezug, ohne designierten Feind und ohne Gewalt diverse und
komplexe Identitäten zu integrieren und nur aufgrund gemeinsamer Interessen genug Gemeinsamkeit entstehen zu
lassen, um miteinander entschlossen handeln zu können. Bis
jetzt haben Gesellschaften meistens reale äußere Feinde gehabt, starke ideologische Macht, rigide Hierarchien, ein Leben
mit tatsächlichen Bedrohungen, in dem Sicherheit ein höheres
Gut zu sein schien als Freiheit.

Es liegt nahe, dass der Klimanotstand eine gemeinsame Erfahrung, ein geteiltes Trauma darstellen und wiederum in einer neuen gemeinsamen Geschichte münden könnte, jedoch
spielt diese Krisenerzählung mit gigantischen Gefahren. Die
größte von ihnen ist, dass ein Klima der Angst und des Ausnah-
mezustands in bisher demokratischen Staaten zu einem auto-
ritären Umschwung führt, zu einer gemeinsamen Geschichte
der Verleugnung, der Feindschaft, der Gewalt.

Solche Geschichten haben unmittelbare Konsequenzen. Die
politische Erfahrung der Gegenwart zeigt, dass nationalis-
tisch-autoritäre Regime die Ausbeutung der Natur und die
Klimakatastrophe beschleunigen und gleichzeitig die Demokratie zur Attrappe schrumpfen lassen, massive Feindbilder
aufbauen und Gewalt im Inneren anheizen. Eine Intensivie-
rung der Angst vergrößert das Potenzial eines politischen Um-
sturzes oder einer gleichsam demokratisch verlaufenden Zerstörung der liberalen Demokratie und der Aufklärung durch
gewählte Diktatoren. Die liberale Erzählung hat ihre Verfüh-

rungskraft verloren, und noch gibt es zu wenige Bilder, die ein Leben unter völlig anderen Voraussetzung denkbar und erlebbar machen, also greifen Angst und Frustration um sich.

Die einzige Möglichkeit, dieses Abgleiten zu verhindern, wäre, einen Grund für rationale Hoffnung zu schaffen. Kein intelligenter Mensch glaubt noch daran, dass das bestehende Wirtschaftssystem und das Konsumniveau der Gegenwart sich noch auf ein oder zwei Generationen fortsetzen lassen, ein Gedanke, der um 1900 oder 1950 noch selbstverständlich gewesen wäre. Das macht deutlich: Wir befinden uns am Ende von etwas.

Dieser Schluss klingt pessimistisch, aber diesem Ende könnte ein Lebensmodell gegenüberstehen, für das ewiges Wachstum und Konsum nicht mehr im Mittelpunkt stehen und das sich an seine Möglichkeiten angepasst hat, ein Leben, das vermutlich nicht schlechter ist als die Existenz eines spätkapitalistischen Zoobewohners zwischen Routine und Frustration, Abstiegsangst und Ablenkung.

Was aus einer historischen Entwicklung heraus entstanden ist, umkämpft und verwirklicht wurde, kann innerhalb kurzer Zeit wieder verschwinden. Liberale Demokratien mit allgemeinem, freiem und gleichem Wahlrecht sind ein historisch junges Phänomen, eigentlich Ausreißer in der historischen Entwicklung, ein Produkt der Nachkriegszeit, des Kriegstraumas, des Erdölbooms, des Aufschwungs, des Optimismus – und in kaum einem Land den eigenen Anforderungen gemäß wirklich etabliert. Nichts deutet darauf hin, dass diese sich immer stockender vollziehende Entwicklung unumkehrbar ist.

Konfrontiert mit globalen, lokal ungebundenen und demokratisch nicht legitimierten Wirtschaftsinteressen drohen demokratische Regierungen allerdings schon längst, selbst zu theatralisch inszenierten Ausführungsorganen ökonomischer Maßgaben zu werden. Im Zweifel ist ein Rüstungsdeal wichtiger als eine Uno-Resolution.

Vorstellbar ist, dass durch diese systemische Krise zeitgemäßere Demokratiemodelle entstehen, aber mindestens so wahrscheinlich ist es, dass diese Gemengelage einen direkten Weg in autoritäre und gewalttätige Gesellschaften vorzeichnet, einen Weg vorwärts, immer vorwärts, ohne die Möglichkeit der Umorientierung, der Allmachtstraum einer an ihrer technologischen Macht aufgegeilten Sklavenmoral.

Der israelische Schriftsteller David Grossman beschreibt die Rolle von Erzählern und Dramatikern in diesem Prozess. Meistererzähler, sagt er, schaffen neue Räume für Gedanken und Gefühle: »Ein literarischer Meister ist jemand, der eine Facette des Lebens sichtbar macht, die wir zuvor nicht wahrgenommen haben. Oder vielleicht wussten wir von ihr, konnten sie aber nicht ausdrücken. Anders gesagt: Ein Meister spielt seine eigene Melodie. Die meisten Schriftsteller klingen ähnlich, sie erzählen ihre Geschichte, ohne ihre Melodie zu kennen. Ein wirklicher Meister verhilft uns jedoch dazu, dass unser Ohr eine Melodie vernimmt, die wir noch nie zuvor gehört haben, aber ahnten, dass sie da ist.«

Die Idee der *strong poets*, wie der Literaturwissenschaftler Harold Bloom sie nannte, der starken Dichter, führt die Erzählung des Westens zurück an ihren Ursprung.

Die Kluft zwischen Geschichte und Wirklichkeit der reichen Welt vergrößert sich zusehends, wie die Kluft zwischen der Legende vom Wilden Westen und der Realität der Landnahme in den USA. Populistische Politiker auf der ganzen Welt haben bewiesen, dass große Teile ihrer Gesellschaften es vorziehen, an alten Geschichten festzuhalten, anstatt sich neuen Realitäten zu stellen. Gleichzeitig schwindet damit die Möglichkeit, in einer akuten Krise angemessen zu handeln und zu tun, was notwendig ist.

Die Bühne der gesellschaftlichen Debatte braucht neue Figuren und Geschichten, um eine neue Wirklichkeit zu beschreiben und Haltungen zu stärken, die dieser Wirklichkeit angemessen sind. Noch lassen sich unter den neuen Figuren nicht diejenigen erkennen, die eine Schlüsselrolle spielen werden, aber gerade in der jüngsten Vergangenheit hat es einen ganzen Schwung neuer Rekruten und Rekrutinnen gegeben.

Eine Figur, deren überraschender Auftritt tatsächlich neue Möglichkeiten geschaffen hat, zeigt, wie unvorhersehbar diese Entwicklungen sein können und wie sehr das allgemeine Repertoire von Geschichten auf Archetypen zurückgreift, wenn die Realität zu entgleiten droht. Ein schwedisches Mädchen im Teenageralter mit langen Zöpfen, ein unfreiwilliges Weltgewissen mit Asperger-Syndrom, eine moderne Jeanne d'Arc, die einer korrupten Gesellschaft den Spiegel vorhält und deren einsam-trotziger Appell an die Erwachsenen eine globale Protestbewegung losgetreten hat. Sie hat mehr starke Bilder geschaffen, ihr Gesicht ist selbst zum Bild eines widerständigen Gewissens geworden, die kompromisslose Forderung nach einer neuen Erzählung.

DER SEHER UND
DIE UNSINNIGE ZUKUNFT

Die dramatischen Erzählungen, in denen ich als Kind lebte, stammten aus unterschiedlichen Quellen. Eine davon waren die Asterix-Hefte meines Stiefvaters, die ich mir mit seinem stillen Einverständnis zu eigen machte. Mit diesen Heften habe ich lesen gelernt, ihre Zeichnungen waren für mich das erste Fenster auf die große weite Welt und später auf die Antike; ihre Keilereien begeisterten mich, ihre historischen Details faszinierten, ihre Ironie ließ mich teilweise ratlos zurück, aber begierig, mehr zu erfahren, denn ich fühlte, da war noch eine Dimension, die ich nicht verstand.

Unter diesen unverstandenen Witzen war eine Zeichnung in *Asterix und der Seher*, oder eigentlich ein ins Comic integriertes Foto, was einen Stilbruch darstellte, der mich störte, zumal es ein ganz unspektakuläres Foto war, das eine Hochhaussiedlung zeigte – La Défense bei Paris, wie ich später lernte, das Emblem der französischen urbanen Moderne. Dem Autor, René Goscinny, ging es dabei gerade um die Hässlichkeit dieser unmenschlichen Hochhausfront; er erklärte von der Perspektive des ersten vorchristlichen Jahrhunderts aus, was Wahrsager über die Zukunft weissagten und dass einige dieser Weissagungen, nämlich die Hochhaussiedlung, völliger Unsinn seien.

Asterix und Obelix stehen in der großen Tradition von historischen Werken, die über den Umweg in die Vergangenheit ihre eigene Zeit beschreiben – die Zukunft, lernt man aus ihren Seiten, ist auch nicht mehr das, was sie mal war. Dafür gibt es Gewissheit, dass nicht alles derselben tyrannischen Geschichte unterworfen ist, dass es möglich ist, Widerstand zu leisten und anders zu leben. »Ganz Gallien ist von den Römern besetzt. Ganz Gallien? Nein!«

Das Leben in einer unsinnigen Zukunft, die längst zur wahnsinnigen Normalität geworden ist, wird nur immer weitergeschleppt, weil es bequem ist, weil sie nun einmal da ist und weil es an Fantasie fehlt, sich etwas Besseres vorzustellen. Ganz Gallien ist besetzt, in drei Teile geteilt, beherrscht und unterworfen, eine gute Steuerquelle, eine befriedete Provinz mit gesundem Wachstum. Den Leuten fehlt es an nichts. Das reicht doch, oder?

Ist es denn wichtig, was in irgendeinem verrückten Dorf passiert? Ja, es ist wichtig. Wenn dort der Widerstand beginnt. Wenn jemand einen Zaubertrank hat, wenn von dort aus etwas angefangen, angefacht werden kann, was besser ist als das Leben in einer befriedeten Provinz, in der niemand der Toten gedenken kann, dem Territorium einer fremden Macht.

So viel Bedeutsamkeit wiegt vielleicht etwas schwer auf den Schultern eines kleingewachsenen Comic-Helden, aber Goscinny wusste, was er tat, als er 1959 den ersten Band der Serie schrieb, in de Gaulles Frankreich, während des Algerienkriegs, in dem Frankreich sich als hässliche, folternde Besatzungsmacht zeigte, zwei Jahre nur vor dem Massaker am Pont Saint-Michel, bei dem am 17. Oktober mitten in Paris Hunderte von algerischen Demonstranten von der Polizei ermordet wurden.

Ganz Gallien war besetzt, und Widerstand gegen die Zentralmacht schien aussichtslos. Nur in den Köpfen der Jüngeren spielten längst andere Figuren, die eine andere Sprache hatten, eine andere Perspektive auf die Welt, die das Alte nicht mehr wollten und das Neue noch nicht gefunden hatten. Ganz Gallien? Nein.

Für mich war all das weit weg. Gute Geschichten können ganz unschuldig daherkommen. Wie sie gelesen werden und was für einen Widerhall sie finden, hängt ab von der Stimme des Erzählers und dem Erfahrungshorizont des Publikums, von den Resonanzräumen, die beide bewohnen. Die Klimakatastrophe schafft dazu einen neuen und in steigendem Maß globalen Resonanzraum, aus dem niemand sich ausnehmen kann. Dies wird die Kulisse sein, vor der sich die Geschichten der nächsten Jahrzehnte abspielen.

Die Geschichten, die über diese enorme und zweifellos traumatische Erfahrung erzählt werden, lassen bereits ihre Umrisse erkennen, zwischen Öffnen und Schließen, Recht und Verantwortung, Eigenem und Fremdem, Fließen und Beharren – zwischen verschiedenen Arten, riskant zu leben, unterschiedlichen und folgenreichen Perspektiven auf eine Welt im Umbruch. Welche Lesart der Gegenwart und welche mögliche Zukunft aus ihnen entstehen werden, welche Geschichten eines Tages über diese Zeit erzählt werden, das liegt in der Hand derer, die es verstehen, die Bühne für sich zu erobern und ihnen eine Stimme zu geben, ein Gesicht, einen Ort in den Köpfen und den Körpern von Menschen, deren Leben Zukunft schafft, so oder so.

Neue Bilder zu finden für diese Herausforderung ist das Friedensprojekt der Gegenwart. Alles andere folgt.

VON CALDERÓN ÜBER ASTERIX
INS UNGEWISSE?

Ich finde, dass gerade in unserer Zeit mehr
über die Kunst gesagt wird, als *in* ihr.

MAX REINHARDT, 1915

Es mag überzogen scheinen, die Salzburger Festspiele in den
Kontext riesiger Transformationen, Klimakatastrophen, philosophischen Revolutionen und neuer Menschenbilder zu stellen, aber das ist es nicht. Neues wird erst denkbar, wenn es
eine Gestalt bekommt, wenn es sichtbar und hörbar wird,
wenn es emotional berührt. Das ist die zentrale Arbeit von
Künstlern und Denkerinnen, von Bühnen eines dramatischen
Innenlebens, das sich über verschiedene Medien kommuniziert, Verbindung aufnimmt mit seinem Publikum und so Veränderung überhaupt möglich macht.

Bühnen sind Orte, an denen Transformation fühlbar gemacht werden kann. Ohne sie sind Gesellschaften verarmt,
egal, wieviel Geld in ihnen herumschwappt. Sie verlieren die
Fähigkeit, sich neu zu erfinden, sie verlieren die Sensibilität für
die Frage, warum es sich zu leben lohnt. Sie können sich nur
durch immer mehr Rücksichtslosigkeit und Härte behaupten,
obwohl sie im Inneren längst abgestorben sind. Bühnen kön-

nen ein Zeichen dagegen setzen, daran erinnern, was zählt und zählen muss.

Das große Welttheater setzt seine Vorstellung unablässig fort. Einzelne Punkte auf dieser Bühne können Kraftfelder entwickeln, von denen aus die Handlung eine andere Richtung einschlagen kann. In den kommenden Jahren und Jahrzehnten wird das nicht nur ein schmückender Luxus sein.

Es ist üblich, Jubilaren Wünsche mit auf den Weg zu geben, und da die Salzburger Festspiele schon auf ein Jahrhundert von künstlerischen Höhepunkten zurückblicken können, gibt es allen Grund zu hoffen, dass ihre Bühnen noch weitere hundert Jahre mit ähnlichem künstlerischen Anspruch bespielt werden.

Ich wünsche den Salzburger Festspielen also, dass sie es immer wieder wagen, nach den Wünschen ihrer Gründer ein Friedensprojekt und »Lebensmittel für die Bedürftigen« zu sein, dass ihre Bühnen immer wieder zu Orten der gemeinschaftlichen Selbstergründung und Selbsterfindung werden können und dass auf ihnen die ganz andere Zukunft, das neue Menschenbild, mit entsteht, die für die Menschheit überlebenswichtig wird.

BENUTZTE BÜCHER UND AUTOREN
ZUR WEITEREN LEKTÜRE

Hannah Ahrendt: Vita Activa, Frankfurt/Main 1960

Zygmunt Bauman: Flüchtige Moderne. Frankfurt/Main
2003

Philipp Blom: Was auf dem Spiel steht. München 2017

Philipp Blom: Die Welt aus den Angeln. München 2018

Peter Borscheid: Das Tempo-Virus: Eine Kulturgeschichte
der Beschleunigung. München 2004

Denis Diderot: Supplément au voyage de Bougainville,
in: Philosophische Texte, Frankfurt/Main 2013

Vilém Flusser: Dinge und Undinge. Phänomenologische
Skizzen. München 1993

David Grossman: »Manchmal habe ich das Gefühl, wir sind
alle nur Schauspieler im Gehirn von Mister Trump«, Inter-
view. *Neue Zürcher Zeitung*, 6. Juni 2019

William Kentridge: Sechs Zeichenstunden. Köln 2016

Ivan Krastev: Europadämmerung. Berlin 2019

Bruno Latour: Kampf um Gaia. Acht Vorträge über das
Klimaregime. Berlin 2017

Bruno Latour: Das terrestrische Manifest. Berlin 2018

Pankaj Mishra: Das Zeitalter des Zorns. Eine Geschichte
der Gegenwart. Frankfurt/Main 2017

Karl Polanyi: The Great Transformation. Politische und öko-

nomische Ursprünge von Gesellschaften und Wirtschafts-
systemen. Frankfurt/Main 1973

James C. Scott: Die Mühlen der Zivilisation. Eine Tiefen-
geschichte der frühen Staaten. Berlin 2019

Richard Sennett: Zusammenarbeit. Was unsere Gesellschaft
zusammenhält. Berlin 2012

Paul Verhaeghe: Intimiteit. Amsterdam 2018

Frans de Waal: Mama's Last Hug. Animal Emotions and what
they tell us about ourselves. New York, 2019

David Wallace-Wells: Die unbewohnbare Erde. Leben nach
der Erderwärmung. München 2019

Statistiken und Daten stammen von der Website: Our World
in Data, ourworldindata.org